響け、希望の音

東北ユース
オーケストラから
つながる未来

田中宏和

三月十一日 あの日のこと

二〇一一年三月十一日
東日本大震《しん》災《さい》発生

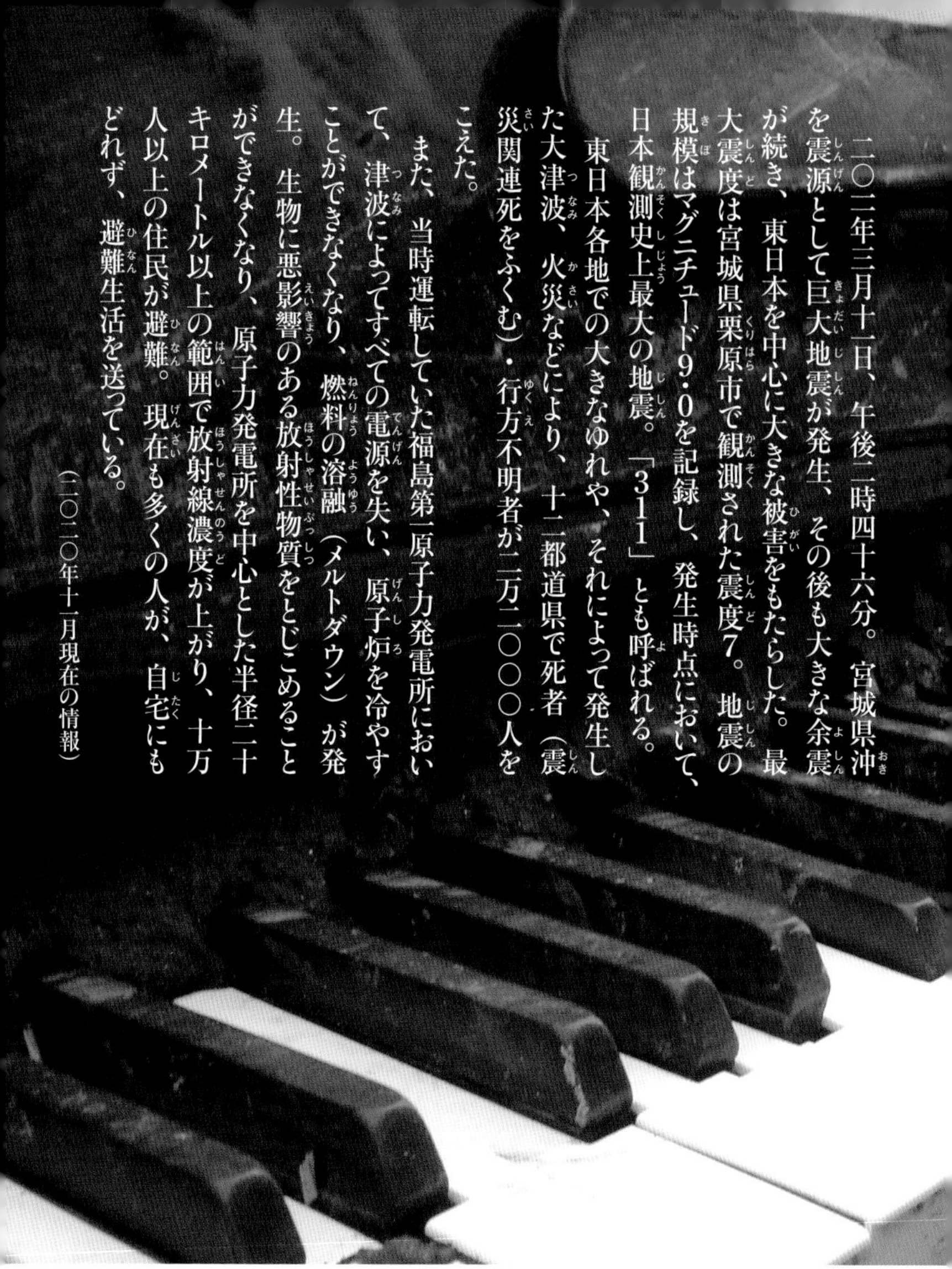

二〇一一年三月十一日、午後二時四十六分。宮城県沖《おき》を震源《しんげん》として巨大地震《きょだいじしん》が発生、その後も大きな余震《よしん》が続き、東日本を中心に大きな被害《ひがい》をもたらした。最大震度《しんど》は宮城県栗原市《くりはらし》で観測《かんそく》された震度《しんど》7。地震《じしん》の規模《きぼ》はマグニチュード9・0を記録し、発生時点において、日本観測史上《かんそくしじょう》最大の地震《じしん》。「311」とも呼《よ》ばれる。

東日本各地での大きなゆれや、それによって発生した大津波《つなみ》、火災《かさい》などにより、十二都道県で死者（震《しん》災《さい》関連死をふくむ）・行方《ゆくえ》不明者が二万二〇〇〇人をこえた。

また、当時運転していた福島第一原子力発電所において、津波《つなみ》によってすべての電源《でんげん》を失い、原子炉《げんしろ》を冷やすことができなくなり、燃料《ねんりょう》の溶融《ようゆう》（メルトダウン）が発生。生物に悪影響《えいきょう》のある放射性物質《ほうしゃせいぶっしつ》をとじこめることができなくなり、原子力発電所を中心とした半径二十キロメートル以上の範囲《はんい》で放射線濃度《ほうしゃせんのうど》が上がり、十万人以上の住民が避難《ひなん》。現在《げんざい》も多くの人が、自宅《じたく》にもどれず、避難《ひなん》生活を送っている。

（二〇二〇年十一月現在の情報）

音楽で、心の復興《ふっこう》を

東北ユースオーケストラ結成

東北ユースオーケストラ（通称《つうしょう》ＴＹＯ）は、東日本大震災《しんさい》で大きな被害《ひがい》のあった岩手県、

宮城県、福島県の
子どもたちで構成《こうせい》された
オーケストラ。
東日本大震災《しんさい》で被災《ひさい》した
子どもたちの「音楽」を
すくうため、
音楽家・坂本龍一《さかもとりゅういち》氏が
立ちあげた。

坂本龍一監督《りゅういちかんとく》とも、笑顔で交流する団員《だんいん》たち。

人の数だけ、笑顔がある

年齢《ねんれい》差をこえた交流

東北ユースオーケストラに在籍《ざいせき》するのは、
小学四年生から大学生までの
幅《はば》広い年齢《ねんれい》の子どもたち。
年齢《ねんれい》も、出身地も、
被災《ひさい》体験もバラバラな子どもたちが、
音楽をとおして、強い絆《きずな》でむすばれていく。

東北ユースオーケストラでは、小学生も大学生も関係ない。練習中も、休憩《きゅうけい》時間も、いろいろな年齢《ねんれい》の団員《だんいん》がまざりあって過《す》ごしている。

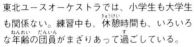

2017年3月11日。宮城県石巻《いしのまき》市の日和《ひより》山《やま》公園にて、海にむかって献奏《けんそう》を行う有志《ゆうし》メンバー。

東北の”今“を知るために

被災地《ひさいち》に演奏《えんそう》をとどける

東北ユースオーケストラの活動は、大舞台《ぶたい》の演奏《えんそう》だけにとどまらない。団員《だんいん》のなかの有志《ゆうし》メンバーによって、東日本大震災《しんさい》で被災《ひさい》した地域《ちいき》をたずね、小さな演奏会《えんそうかい》をひらきながら、地域《ちいき》の方と交流している。

演奏《えんそう》する団員《だんいん》とお客さんの距離《きょり》がとても近いのも、有志演奏会《ゆうしえんそうかい》の特徴《とくちょう》。演奏《えんそう》のあと、お茶やお菓子《かし》をかこんでなごやかにお話するのも、団員《だんいん》たちの楽しみのひとつだ。

被災《ひさい》した地域《ちいき》の「今」を知ることも、有志演奏会《ゆうしえんそうかい》の意義《いぎ》のひとつ。写真は、宮城県石巻《いしのまき》市の旧大川《きゅうおおかわ》小学校を訪れたときのもの。

希望の音色が響《ひび》く

東北と熊本、ふたつのオーケストラの共演《きょうえん》

二〇一九年十二月二十五日に熊本城ホールで行われた開業記念公演《こうえん》「Reconnect《リコネクト》―熊本と東北をつなぐ―」。二〇一六年に起こった熊本地震《じしん》によって被災《ひさい》した、地元の熊本ユースシンフォニーオーケストラと、東北ユースオーケストラの共演《きょうえん》が実現《じつげん》した。ふたつの被災地《ひさいち》をつなぐ希望の音色が、熊本の復興《ふっこう》を象徴《しょうちょう》するホールのなかで響《ひび》きわたった。

ピアノを演奏《えんそう》する坂本龍《りゅう》一監督《いちかんとく》（上）と、演奏《えんそう》に合わせて朗読《ろうどく》をする吉永《よしなが》小《さ》百《ゆ》合《り》さん（右）。

舞台袖《ぶたいそで》にて。黒いシャツを着た東北ユースオーケストラの団員《だんいん》と、白いシャツを着た熊本ユースシンフォニーオーケストラの団員《だんいん》、みんな少し緊張《きんちょう》気味の表情《ひょうじょう》をしている。

この先に、どんな未来が待っている？

東北ユースオーケストラの音楽のこれから

震災《しんさい》の記憶《きおく》、
音楽へかける気持ち……
一人ひとりがことなる思いを
いだいて、ひとつの舞台《ぶたい》に立つ。
多様な響《ひび》きが
ひとつの音楽を生む。
そんな東北ユースオーケストラの
音楽に、どんな未来が
待っているのだろう。

2017年3月25日

オーケストラを知ろう

オーケストラの用語集

管楽器
金管楽器と木管楽器のこと。管楽器中心に編成《へんせい》された楽団《がくだん》を吹奏楽団《すいそうがくだん》、またはブラスバンドという。

金管楽器
おもにトランペット、ホルン、トロンボーン、チューバなど。マウスピースという部品をつかって、くちびるの振動《しんどう》で音を出す。

木管楽器
おもにピッコロ、フルート、クラリネット、オーボエ、ファゴット。リードという部品を振動《しんどう》させて音を出したり、楽器自体に直接《ちょくせつ》息を吹《ふ》きこんで音を出したりする。

弦《げん》楽器
おもにヴァイオリン、ヴィオラ、チェロ、コントラバス。弦《げん》を弓でひいたり、指ではじいたりして音を出す。

コンサートマスター／コンサートミストレス
第1ヴァイオリンの首席奏者《そうしゃ》がつとめる。指揮者《しきしゃ》の指示《しじ》を受け、オーケストラ全体の演奏《えんそう》をとりまとめる、ステージ上でのオケのリーダー的役割《やくわり》。コンマス、コンミスと略《りゃく》す。

スコア
オーケストラのすべての楽器の楽譜《がくふ》が記された総譜《そうふ》のこと。指揮者《しきしゃ》が持つ。

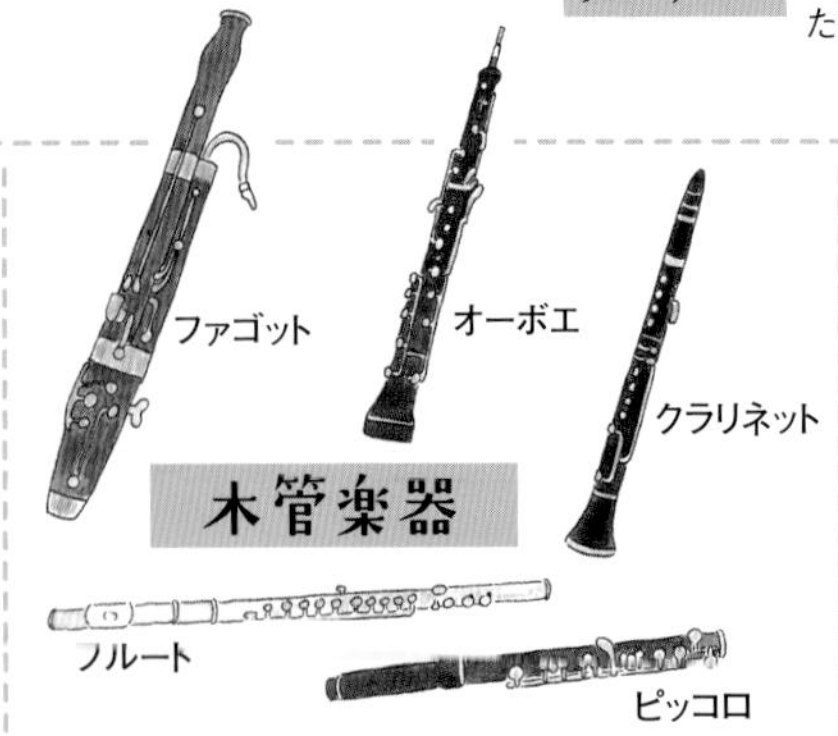

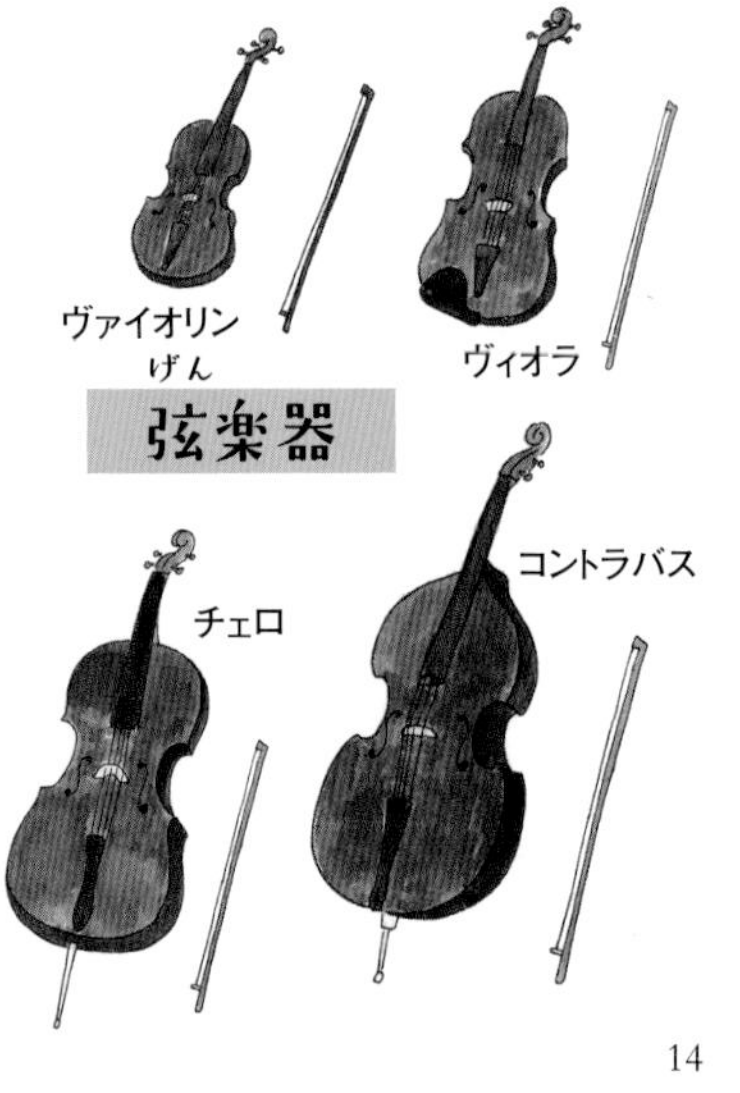

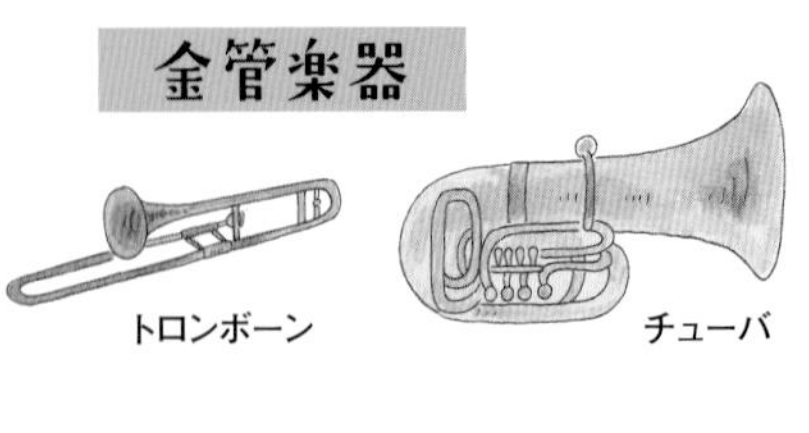

オーケストラ

管楽器と弦《げん》楽器で編成《へんせい》された楽団《がくだん》。フィルハーモニック、フィルハーモニーとも。

指揮者《しきしゃ》

オーケストラの中心に立ち、指揮棒《しきぼう》（タクト）で、オーケストラに指示《しじ》を出す。マエストロ、巨匠《きょしょう》とも呼《よ》ばれる。

打楽器（パーカッション）

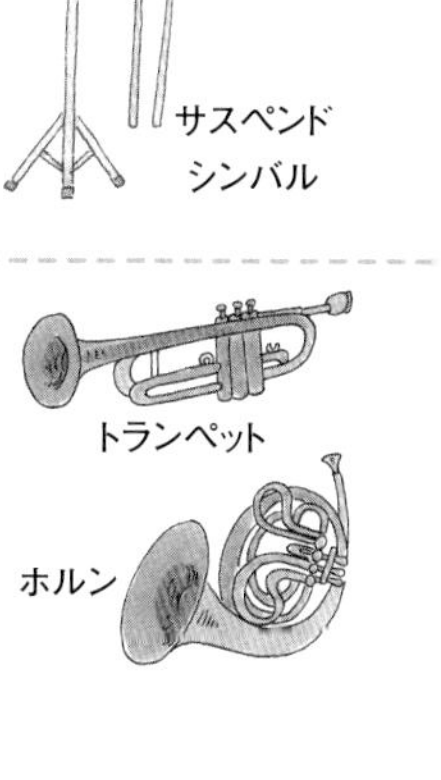

2019年3月31日
東京オペラシティコンサートホール

もくじ

前奏曲《ぜんそうきょく》……20

第一楽章
東北ユースオーケストラが生まれるまで……23
子どもの楽器をすくいたい……24
「こどもの音楽再生基金《さいせいききん》」を立ちあげる……28
「新しい方舟《はこぶね》」での演奏会《えんそうかい》……36
「東北ユースオーケストラ」発足《ほっそく》……44

間奏曲《かんそうきょく》 #1
大塚真理《おおつかまり》(福島県福島市)が体験した
3・11と東北ユースオーケストラ……52

第二楽章
はじめての演奏会《えんそうかい》にむかって……59
さて、このオーケストラでなにをする?……60
いざ、宮古島《みやこじま》合宿へ!……69
あこがれのコンサートホールをめざして……87

間奏曲《かんそうきょく》 #2
三浦瑞穂《みうらみずほ》(宮城県気仙沼《けせんぬま》市出身、パーカッション担当《たんとう》)が体験した
3・11と東北ユースオーケストラ……108

第三楽章
なんのために演奏《えんそう》するのだろう？……121
有志演奏会《ゆうしえんそうかい》とは……122
ユウトの迷《まよ》い……123
すれちがう思い……133
ふたつの正しさ、もうひとつの生き方……148
間奏曲《かんそうきょく》 #3
菅野桃香《かんののももか》（福島県浪江町《なみえまち》出身、フルート担当）が体験した311と東北ユースオーケストラ……158

第四楽章
つながるオーケストラへ……167
全国とつながる、熊本とつながる……168
未来につながる……182
コーダ ～「津波《つなみ》ピアノ」のその後……202
あとがき……203
東北ユースオーケストラ定期演奏会《えんそうかい》のあゆみ……206

前奏曲《ぜんそうきょく》

二〇一二年一月四日。宮城県名取市《なとり》にある宮城県農業高等学校の体育館。

フロアには、床《ゆか》をうめつくすほどの段《だん》ボール箱がつまれている。日本全国からとどいた名取《なとり》市への復興支援《ふっこうしえん》の品々だ。その山のむこうに舞台《ぶたい》が見え、奥《おく》にたれ下がっている大きな白い幕《まく》の下半分には、巨大《きょだい》な筆あとのような線が残っている。あの震災《しんさい》のとき、およそ三メートルの高さまで海水が流れこんだことを物語っている。

その舞台《ぶたい》の片《かた》すみに、天板をあけたグランドピアノが一台たたずんでいた。黒いピアノには泥《どろ》の線が残り、鍵盤《けんばん》にも土や砂《すな》、木の小枝《こえだ》の破片《はへん》のようなものがかぶさっている。

ピアノの前に、黒ずくめの服装《ふくそう》で白い髪《かみ》をした男性《だんせい》が立っている。世界的に有名な音楽家、坂本龍一《さかもとりゅういち》さんだ。まるでピアノというものをはじめて見るかのような表情《ひょうじょう》でのぞきこんでから、用心ぶかく鍵盤《けんばん》にふれ、そっと両手で和音を奏《かな》でようとする。おさえた白鍵《はっけん》のうち、ひとつが、押《お》しこまれたまましずみこんでしまった。

「キーがもどってこないよ」

坂本さんは笑みをうかべながらもとまどった様子だ。

ひらいた天板をのぞきこんで、ピアノの弦《げん》をじかにはじいてみたり、強い力で鍵盤《けんばん》をたたいてみたり。

きしんだ音。ゆがんだ音。ひずんだ響《ひび》きが、うなり、とどろく。ピアノが発する、たくさんの声を、聞いていた。

このピアノは、あの日、津波《つなみ》を受けとめた「津波《つなみ》ピアノ」だ。

「千年に一度」ともいわれる大災害《さいがい》、東日本大震災《しんさい》におそわれた地で、坂本さんは津波《つなみ》にのみこまれたピアノと対話しているようだった。

きっかけは、被災《ひさい》した地域《ちいき》に心をよせていた坂本さんからの「津波《つなみ》をかぶったピアノを弾《ひ》いてみたい」というリクエストだった。

「できるだけ見つかったままの状態《じょうたい》のピアノをさわりたい」

という坂本さんの希望にこたえるように、一台がこの高校で見つかったのだ。

二〇一一年三月十一日に起こった東日本大震災《しんさい》によって、最大九・一メートルの津波《つなみ》が名取市《なとり》の浜《はま》をおそった。人口七万三〇〇〇人の名取市《なとり》では、九〇〇人をこえる人々が亡《な》くなり、八十七人の子どもが親を失った。住宅《じゅうたく》の被害《ひがい》は一万四〇〇〇戸《こ》近くにのぼった。ここに来るまでにも、津波《つなみ》に流され、まっ平らになった大地に緑の草がのび広がっている風景《ふうけい》を見てきた。

そのような大きな自然の力を受けた「津波《つなみ》ピアノ」が、坂本さんの指により、さまざまな未知の音色を奏《かな》でている。わたしには、ピアノが坂本さんとの出会いをよろこんで歌っているように思えたのだった。

このとき、坂本さんはなにを感じていたのだろうか。

坂本さんと、被災《ひさい》した東北三県出身の子どもたちを音楽でつなぐプロジェクト「東北ユースオーケストラ」が、この一台のピアノとの出会いから動きはじめた。

第一楽章

東北ユースオーケストラが生まれるまで

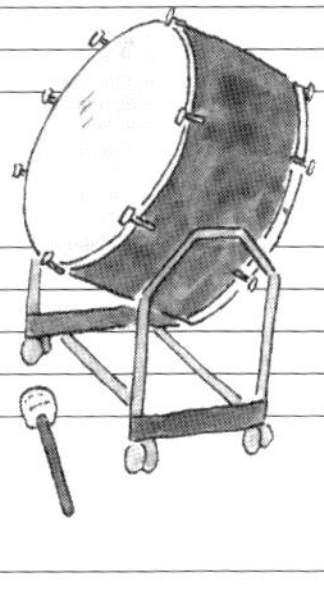

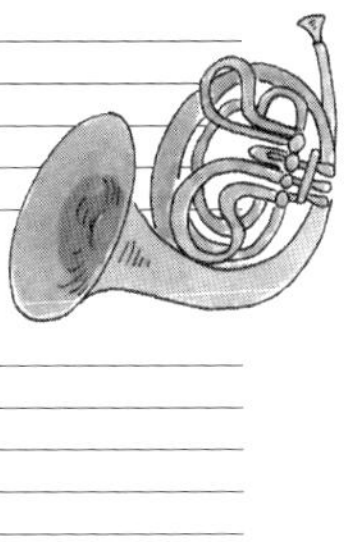

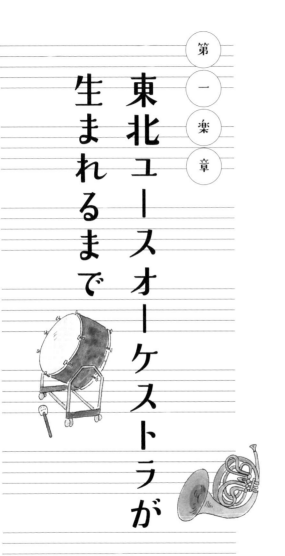

子どもの楽器をすくいたい

二〇一一年四月二十五日。わたしは、アメリカのニューヨークにある坂本龍一《りゅういち》さんのプライベートスタジオの前に立っていた。

その前日、到着《とうちゃく》したばかりのニューヨークの中心街は、自動車が通行止めで、おおぜいの派手《はで》に着かざった老若男女《ろうにゃくなんにょ》が集い、にぎわっていた。ちょうど、キリスト教の復活祭《ふっかつさい》（イースター）にちなんだ、イースターパレードというお祭りに出くわしたのだった。

復活祭《ふっかつさい》は、十字架《じゅうじか》にかけられて死んだイエス・キリストが三日後に復活《ふっかつ》したという言い伝えから生まれた、新しいはじまり、春の到来《とうらい》を祝う行事だ。彩《いろど》りゆたかにぬられたゆで卵《たまご》や、その卵《たまご》を運ぶイースターバニーというウサギでも知られている。競うように色とりどりの花のついた帽子《ぼうし》や、ウサギの耳やぬいぐるみを身につけた人たち。春を祝う人々が派手《はで》な姿《すがた》で練り歩くニューヨークは、ひと月前に起こった東日本大震災《しんさい》の影響《えいきょう》が色濃《こ》く残る東京とは、まさに別世界だった。

はからずもアメリカで願う、東日本大震災《しんさい》からの復興《ふっこう》。その実感は、いつになったら得《え》ることができるのだろう。

そんな思いをいだきながら、わたしはニューヨークの通りを歩いていたのだった。

ここで、この話を物語るわたしについて。

大学を卒業後、東京の広告《こうこく》会社に就職《しゅうしょく》をした。さまざまな企業《きぎょう》や商品を人々に知らせ、モノやサービスを買ってもらうのが広告《こうこく》だ。広告《こうこく》やキャンペーンの企画《きかく》にかぎらず、新商品を開発したり、企業《きぎょう》のスローガンやロゴマークを考えたり、またプロジェクトを立ちあげては進めたりしている。

この年は、国連（国際連合《こくさいれんごう》）が定めた国際《こくさい》森林年で、地球環境《かんきょう》問題についてのプロジェクトにかかわっていた。その取り組みに参加してもらう世界的な音楽家として、坂本龍《りゅう》一《いち》さんを推薦《すいせん》したのだ。

坂本龍一《りゅういち》さんは、一九五二年東京生まれ。一九七〇年代後半から、ミュージシャンとしてのソロ活動や、音楽グループ「イエロー・マジック・オーケストラ（ＹＭＯ）」のメンバーとして活躍《かつやく》してきた。一九八三年公開の映画《えいが》『戦場のメリークリスマス』への出演《しゅつえん》と音楽制作《せいさく》をきっかけに映画《えいが》音楽を手がけはじめ、映画《えいが》『ラストエンペラー』の音楽ではアカデミー賞《しょう》作曲賞《しょう》を受賞《じゅしょう》するなど、作曲家としても世界的な評価《ひょうか》を得《え》た。

また社会的な問題へも強い関心をもっていて、森林保全《ほぜん》と植林活動を行う「more《モア》 trees《トゥリーズ》」という団体《だんたい》も立ちあげていた。わたしは、森林保全《ほぜん》の活動を伝えるのに、坂本龍《りゅう》一《いち》さんほどふさわしい人はいない、と考えた。いそがしい坂本さんのスケジュールを一日もらって、インタビュー素材《そざい》を収録《しゅうろく》するために、ニューヨークまで来たのだった。

坂本さんとは、前年の年末に東京でひらかれたコンサートの終演《しゅうえん》後、楽屋であいさつしただけだった。初対面のような気持ちでいたが、坂本さんは笑顔でわたしを出むかえてくれた。

リラックスした雰囲気《ふんいき》のなか、今回お願いしたい企画《きかく》をあらためて説明し、坂本さんからも積極的な提案《ていあん》を受けた。コメントの収録《しゅうろく》だけだったはずが、興《きょう》に乗った坂本さんがピアノでアドリブ曲を弾《ひ》いてくれた。間近で聞く演奏《えんそう》は、ピアノが心をゆるして歌っているように聞こえた。

仕事がひととおりすむと、話題はしぜんと、前月に起こった大震災《しんさい》のことになった。

東日本大震災《しんさい》は、二万人をこえる死者・行方《ゆくえ》不明者と、建物の全壊《ぜんかい》・半壊《はんかい》が四十万戸《こ》以上という、とてつもなく大きな被害《ひがい》を出し、国内観測史上《かんそくしじょう》最大の地震《じしん》となっていた。

坂本さんもちょうどそのとき、東京にいて、スタジオでレコーディングをしていたという。交通が復旧《ふっきゅう》した数日後、仕事のためにニューヨークにもどらなければならなかったが、日本の、特に東北地方の被害《ひがい》のことはずっと気にかかっており、毎日インターネットの報《ほう》道《どう》やSNSで被害《ひがい》の様子をチェックしていたそうだ。

「特にいたたまれなかったのが、津波《つなみ》で流されたピアノや楽器の映像《えいぞう》。楽器が被災《ひさい》して泥《どろ》にまみれている現地《げんち》の写真を見るたびに、とても心が痛《いた》んだ。音楽家だから、まるで自分の体が痛《いた》めつけられているようでつらいんだよね」

そのあと、坂本さんが続けた言葉は、思いもよらぬものだった。

「数年前にハリケーンで大きな被害《ひがい》があったニューオリンズ市のライブハウスから、被災《ひさい》した日本のジュニアオーケストラへ楽器がおくられたというニュースを見たことがあってね。ぼくも音楽家として、こういうことがしたいと強く思った。

あれだけの強いゆれだったから、学校のピアノの調律《ちょうりつ》がくるったんじゃないか、ピアノだけじゃなく、多くの楽器が被災《ひさい》したはずだと思って。ヤマハ（ヤマハ株式《かぶしき》会社）といっしょに、楽器復興《ふっこう》のための基金《ききん》をつくれないかと考えているところだったんだよね。

そうだ、田中さん、手伝ってくれない？」

「もちろん、お役に立てることがあるなら、やりますよ」

わたしは、坂本さんの熱い想いを受けとった。

まずは、受けとったボールを大事に、ふさわしい方向に転がし、自分のできることをすることからはじめよう。人々に求められているボールであるなら、共感してくれる人たちをまきこんでいけば、転がっているうちに大きなボールになっていくはずだ。

「こどもの音楽再生基金《さいせいききん》」を立ちあげる

二泊《はく》四日のニューヨーク出張《しゅっちょう》から東京のオフィスにもどり、さっそくヤマハにこの話をしてみた。すると、

「せっかくですから、全国楽器協会のプロジェクトとして、ほかの楽器メーカーにも声をかけてみましょう」

とのこと。

全国楽器協会とは、一九四八年に日本の楽器メーカー・卸売《おろしうり》業者・小売業者が連携《れんけい》し、楽器業界を発展《はってん》させ音楽文化を高めることを目的に設立《せつりつ》された協会で、当時は全国約八〇〇社からなる業界団体《だんたい》だった。被災地《ひさいち》の子どもたちのための、楽器をつうじた復興《ふっこう》プ

ロジェクトの主催者《しゅさいしゃ》としては申し分なかった。

二〇一一年七月二十日、東京・丸の内での記者発表。会場には坂本龍一《りゅういち》さんをはじめ、全国楽器協会に所属《しょぞく》するプロジェクトの発起人《ほっきにん》たちが会見の席にいた。

こうして、「こどもの音楽再生基金《さいせいききん》（スクール・ミュージック・リバイバル）」が立ちあがったのだ。スローガンは、「音楽と楽器の力で、こどもたちに笑顔を。」

基金《ききん》の活動としてかかげたのは、つぎのようなことだ。

・第一次活動：東日本大震災《しんさい》で震度《しんど》6弱以上の地域《ちいき》にあった学校、約一八五〇校への楽器の被災状況《ひさいじょうきょう》についてアンケートをとり、点検《てんけん》の要請《ようせい》にこたえ、必要におうじて修理《しゅうり》を行う。
・第二次活動：音楽をつうじて岩手県、宮城県、福島県の子どもたちを元気づけられるような活動を行っていく。この基金《ききん》を広く知らしめて、寄付《きふ》や協賛《きょうさん》を集め、活動の資金《しきん》とする。
・活動期間は三年。

この発表は記者たちから注目を集め、「坂本龍一《りゅういち》氏らによる学校の楽器の震災復興支援《しんさいふっこうしえん》プロジェクト」「被災校《ひさいこう》の楽器無償《むしょう》修理《しゅうり》　坂本龍一《りゅういち》さんら基金設立《ききんせつりつ》」など新聞やインターネットの記事となり、スタートから世間に広く知ってもらうことができた。

同時に公式のSNSも立ちあげ、坂本さんのtwitter《ツイッター》で発信を拡散《かくさん》してもらった。「心の復興《ふっこう》のお役に立てたら」とコメントをくわえてリツイートする人もいれば、「人間は、本から得《え》られるなにか、音楽から得《え》られるなにかが必要な生きもの」という坂本さんの記者発表での言葉を引用して紹介《しょうかい》してくれる人、「微力《びりょく》ながら協力しました」とさっそく寄付《きふ》をしたことを報告《ほうこく》してくれる人もあらわれた。

寄付《きふ》をしたい。お店にチラシを置きたい、ポスターをはりたい。音楽会、演奏会《えんそうかい》、ライブを行うので募金箱《ぼきんばこ》を置きたい。番組で紹介《しょうかい》したい。ありがたい支援《しえん》の声が国内外からよせられた。

半年がたち、一次活動としていた、被災地《ひさいち》の学校の楽器の点検《てんけん》・修理《しゅうり》活動は、順調に進んでいた。被災地《ひさいち》の学校関係者や先生にはとてもよろこんでもらえたが、こんな意見もときどきはじめていた。

「子どもたちは演奏《えんそう》したがっているが、その機会をなかなかあたえられていないんです。修理《しゅうり》をしてもらった楽器で演奏《えんそう》できる機会がないでしょうか？」

地元のホールは、まだ震災《しんさい》の影響《えいきょう》で点検《てんけん》や修復《しゅうふく》がすんでおらず、再開《さいかい》できていないということ。

基金《ききん》の発足《ほっそく》当初から、二次活動として、三県の学生が取りもどした楽器を演奏《えんそう》する場をもたせたい、という話は出ていた。一次活動でとどいた声の後押《お》しもあり、まずは未就《しゅう》学児《がく》・小学生向けに、「音楽の出前授業《じゅぎょう》」のようなことをしてはどうかということになった。「音楽鑑賞《かんしょう》教室」として全国楽器協会の加盟《かめい》社から独自《どくじ》のメニューをつのり、対象《たいしょう》となる三県の保育園《ほいくえん》・幼稚園《ようちえん》・小学校からのリクエストにこたえて、演奏家《えんそうか》や講師《こうし》の派遣《はけん》を行うのだ。

そして、中学生、高校生には、音楽ライブを開催《かいさい》し、お客さんの前で演奏《えんそう》を披露《ひろう》してもらうのだ。会場は、仙台《せんだい》にある宮城県民会館（東京エレクトロンホール宮城）で、夏休み期間である八月に開催《かいさい》することが決まった。参加資格《しかく》は三県の中学校、高校の音楽系《けい》クラブとし、校長先生の許可《きょか》を得《え》て、顧問《こもん》の先生が当日引率《いんそつ》できること、事前に演奏《えんそう》の動画を送ること、音楽ジャンルは限定《げんてい》せず、楽器を使った演奏《えんそう》ならどんな音楽でもよいことを条件《じょうけん》とした。

発起人《ほっきにん》の坂本龍一《りゅういち》さんには、ライブのゼネラル・プロデューサーとして参加してもらい、子どもたちと共演《きょうえん》してもらおう。さらに坂本さんの曲を新しいアレンジにして、ライブのテーマ曲にしたらどうかと考えた。

思いあたったのは、坂本さんが三十年近くまえに作ったソロアルバム『音楽図鑑《ずかん》』に収録《しゅうろく》されている「ETUDE《エチュード》」だった。ビッグバンドのジャズを連想させる曲で、吹奏楽《すいそうがく》がさかんな東北三県の学生たちに、その後の活動のなかでも演奏《えんそう》してもらいやすい曲だと感じたからだ。またETUDE《エチュード》というフランス語は「練習曲」を意味し、「人生なにごとも練習だ」とつねにたゆまぬ向上心をもつ坂本さんらしいし、被災地《ひさいち》の子どもたちにも楽器の練習を欠かさず、上達してほしいという願いもこめた。

大震災《しんさい》から一年ちょっとしかたっていないタイミングに開催《かいさい》する中高生向けのライブイベントに、どれだけの応募《おうぼ》が集まるか不安だった。しかし、いざ募集《ぼしゅう》を開始してみると、すぐに二十をこえる強い意志《いし》が集まった。

この年のはじめ、坂本さんがおとずれた津波《つなみ》ピアノがある宮城県農業高校の吹奏楽部《すいそうがく》の顧問《こもん》の先生から、

「仮設校舎《かせつこうしゃ》での練習は、十分な環境《かんきょう》でなく、周囲《しゅうい》に配慮《はいりょ》しながらでたいへん。それでも

前向きにがんばれるのは、多くの方々に支援《しえん》をいただいているから。感謝《かんしゃ》の演奏《えんそう》を！」

という言葉がとどいた。

　みんな、こういう機会を待ち望んでくれていたのだ。


　二〇一二年八月五日（日）、宮城県仙台市《せんだい》。

こどもの音楽再生基金《さいせいききん》Presents《プレゼンツ》「School《スクール》 Music《ミュージック》 Revival《リバイバル》 Live《ライブ》」がはじまった。

ライブの告知《こくち》のポスターに書いたコピーは、「希望の音を鳴らそう。」

当日は、基金《ききん》で修理《しゅうり》した、石巻《いしのまき》市立女子商業高校のピアノが舞台《ぶたい》に運ばれた。このピアノは震災《しんさい》直後、音楽室のステージから転げ落ち、上下が正反対にひっくりかえっていた姿《すがた》で発見された。

　ステージが暗転し、一瞬《いっしゅん》、闇《やみ》につつまれると、坂本さんの「Merry《メリー》 Christmas《クリスマス》 Mr.《ミスター》 Lawrence《ローレンス》」（映画『戦場のメリークリスマス』のテーマ曲）のピアノソロが聞こえ、ライブがはじまった。このライブは、「ニコニコ生放送」の公式チャンネルでライブ配信された。つぎの出番のため、坂本さんのすぐ間近にすわる学生の姿《すがた》を見た視聴者《しちょうしゃ》から、「間近でピアノを聞けてうらやましい」というコメントが流れた。坂本さんのソロ演奏《えんそう》がおわると、会場には大きな拍手《はくしゅ》が鳴《な》り響《ひび》いた。無料のため動員数が読めず、心配されていた客席もうまっている。

そして、学生たちの演奏《えんそう》のまえに、舞台《ぶたい》上で全員のチューニング（調律《ちょうりつ》）が行われた。坂本さんがピアノでA《アー》（ラ）の音を弾《ひ》き、ステージ上の全員が、それぞれの楽器で同じ音を鳴らし、調律《ちょうりつ》した。修理《しゅうり》でよみがえった鍵盤《けんばん》を中心に広がった響《ひび》きは、希望の音だ。

司会は、アナウンサーの渡辺真理《わたなべまり》さんが引きうけてくれた。

この日は三県の中高生二十二組が演奏《えんそう》した。休憩《きゅうけい》を二回はさんで、なんと五時間をこえる熱演《ねつえん》が続いた。

宮城県農業高校の軽音楽愛好会はアニメの主題歌を演奏《えんそう》し、強豪《きょうごう》と名高い福島県郡山《こおりやま》市の中学校の合唱部もピアノ演奏《えんそう》を取りいれて熱唱。宮城県白石《しろいし》市の工業高校の女子四人によるハードロックバンドは元気に絶叫《ぜっきょう》し、地元仙台《せんだい》市の高校の吹奏楽部《すいそうがくぶ》は踊《おど》りやプラカードを使ったパフォーマンスに力を入れていどんだ。また、オリジナル曲に挑戦《ちょうせん》するバンドも数組あった。

それぞれのグループは、演奏《えんそう》をおえると復興《ふっこう》への思い、いただいた支援《しえん》への感謝《かんしゃ》、音楽に対する強い気持ちをステージの上で語ってくれた。

エンディングは、坂本龍一《りゅういち》ゼネラル・プロデューサーが弾《ひ》くピアノをかこんで、出場者全員でテーマ曲「ETUDE《エチュード》」を合奏《がっそう》した。最後に全員が同じ舞台《ぶたい》に立つ演出《えんしゅつ》にこだわった。総勢《そうぜい》三一二名でステージがいっぱいになるので、楽器を持って演奏《えんそう》できない子もいる。その子たちには手拍子《てびょうし》で演奏《えんそう》にくわわってもらった。手だってりっぱな楽器だ。

坂本さんは、同じ曲でも毎回ちがうアドリブを入れるので、リハーサルとはまったくちがう演奏《えんそう》になる。本番では子どもたちの演奏《えんそう》に負けじと、さらに熱のこもったピアノとなった。ステージと客席が一体となって手拍子《てびょうし》を打ち、舞台《ぶたい》で笑顔いっぱいに飛びはねる子どもたちで客席がゆれた。人間も楽器だ。熱気あふれる演奏《えんそう》がおわり、客席の鳴りやまない拍手《はくしゅ》を聞きながら、思わず目に涙《なみだ》があふれた。

ステージから降《お》りてきた坂本さんも、興奮《こうふん》した面持《おもも》ちだ。

「みんな演奏《えんそう》がうまいね。ぼくたちのころよりもレベルが高いですよ。すごく凝《こ》ったアレンジをしているバンドもあったしね。演奏《えんそう》後のコメントもしっかりしていてりっぱだった。ほかの学校の演奏《えんそう》を聞くことも刺激《しげき》になったと思いますよ」

「そうですね、最後の全員での合奏《がっそう》は、迫力《はくりょく》ありましたね」

「足ぶみで舞台《ぶたい》がこわれるんじゃないかと思ったよ。とてもいい経験《けいけん》でした。来年は、オーケストラや伝統芸能《でんとうげいのう》も入ってきたらいいね」

学校の楽器の点検《てんけん》・修理《しゅうり》を行う一次活動をへて、子どもたちの音楽教育や音楽活動の支援《しえん》の二次活動へと進んだこどもの音楽再生基金《さいせいききん》。そして「School Music Revival Live《スクールミュージックリバイバルライブ》」の第一回終了《しゅうりょう》後まもなく、「被災地《ひさいち》の子どもたちによる混成《こんせい》オーケストラができないか」という話が、坂本さんとのあいだで持ちあがっていた。

「新しい方舟《はこぶね》」での演奏会《えんそうかい》

二〇一三年の秋に「LUCERNE FESTIVAL ARK NOVA《ルツェルンフェスティバルアークノヴァ》 松島《まつしま》 2013」というイベントが行われるという知らせを受けた。スイスの高名な音楽の祭典、ルツェルン音楽祭による復興支援《ふっこうしえん》の新イベントである。公演《こうえん》場所は、宮城県松島《まつしま》。二六〇をこえる島が広がる景勝《けいしょう》地《ち》で、京都の天橋立《あまのはしだて》、広島の宮島《みやじま》（厳島《いつくしま》神社）とならぶ日本三景のひとつである。

会場となるホールについては、日本を代表する建築家《けんちくか》のひとり、磯崎新《いそざきあらた》さんがユニークなアイデアを出したという。移動《いどう》式の小さなホールをつくり、津波《つなみ》で被災《ひさい》したエリアを巡回《じゅんかい》するコンサートをひらくという案だ。磯崎《いそざき》さんは、そのアイデアをインド出身の現《げん》代彫刻家《だいちょうこくか》、アニッシュ・カプーアさんに相談したところ、いつも自分が彫刻《ちょうこく》で使うビニールのような素材《そざい》で実現《じつげん》しようということになった。

これまでにない建築家《けんちくか》と彫刻家《ちょうこくか》のコラボレーションで、ARK NOVA《アークノヴァ》という動くコンサートホールが生まれた。ラテン語で「新しい方舟《はこぶね》」という意味だ。旧約聖書《きゅうやくせいしょ》にある「ノアの方舟《はこぶね》」にちなんで名づけられた。空気でふくらませる風船のような構造《こうぞう》で、厚《あつ》さ一ミリ未満の特殊《とくしゅ》なポリエステル繊維《せんい》でできた一枚《まい》の膜《まく》からなり、二時間ほど空気を送ることで、高さ十八メートル、横幅《はば》三十メートル、長さ三十六メートルの収容《しゅうよう》人数五〇〇名のホールができあがる。

このイベントには、ベネズエラ出身の若《わか》き天才指揮者《しきしゃ》、グスターボ・ドゥダメルの参加も決まっていた。二十代でロサンゼルス・フィルハーモニックの音楽兼芸術監督《けんげいじゅつかんとく》の職《しょく》につく能力《のうりょく》の持ち主だ。生まれ故郷《こきょう》の貧困層《ひんこんそう》をすくう音楽教育「エル・システマ」で才能《さいのう》を開花させた彼《かれ》が、東北の子どもたちとの共演《きょうえん》を望んでいると聞いた。

世界のクラシック音楽のトップと、世界の建築家《けんちくか》のトップと、世界の現代《げんだい》アートのトップが集結する「LUCERNE FESTIVAL ARK NOVA《ルツェルンフェスティバルアークノヴァ》 松島《まつしま》 2013」。その目的のひとつに「被《ひ》災地《さいち》の子どもへの音楽教育支援組織《しえんそしき》の構築《こうちく》」があり、「坂本龍一《りゅういち》さんの『こどもの音楽再生基金《さいせいききん》』といっしょになにかできないか」という申し出を受けた。ここであたためていたアイデアの出番だ。

世界にむけて発信する、坂本さんと東北の子どもたちとのコラボレーション企画《きかく》といえば、オーケストラだろう。

東北の子どもたちで編成《へんせい》したオーケストラをつくって、ARK NOVA《アークノヴァ》松島《まつしま》でデビュー。これしかないと思った。

そして、その名前は「東北ユースオーケストラ」だ。

約三週間にわたるイベント、ARK NOVA《アークノヴァ》松島《まつしま》のオープニングのドゥダメルのプログラム、クロージングの坂本龍一《りゅういち》のプログラムというふたつのステージに、東北ユースオーケストラが出演《しゅつえん》することになった。

本番まで約三か月という短い期間だが、松島《まつしま》での公演《こうえん》にむけ、三県の学校、団体《だんたい》を組みあわせて東北ユースオーケストラを編成《へんせい》することになった。

まずオープニングのグスターボ・ドゥダメルによるプログラムに参加するのは、地元の仙台《せんだい》フィルハーモニー管弦楽団《かんげんがくだん》の指導《しどう》を受けている仙台《せんだい》ジュニアオーケストラと、宮城県多賀城《たがじょう》高校吹奏楽部《すいそうがくぶ》で編成《へんせい》されたチーム。

クロージングの坂本龍一《りゅういち》プログラムに参加するのは、福島県の相馬《そうま》高校と相馬《そうま》東高校、宮城県の多賀城《たがじょう》高校と塩竈《しおがま》市立第三中学校の合計八十名からなる吹奏楽編成《すいそうがくへんせい》。さらに福島県のFTVジュニアオーケストラ、福島高校と橘《たちばな》高校、宮城県多賀城《たがじょう》高校の合計七十三名からなる管弦楽編成《かんげんがくへんせい》。吹奏楽《すいそうがく》と管弦楽《かんげんがく》のふたつからなるチームだ。

さらに演奏《えんそう》後のステージ上で行われるワークショップには、宮城県の松島《まつしま》中学校、岩手県の久慈《くじ》高校もくわわり、総勢《そうぜい》で二九一名が参加する大きなプログラムとなった。

東北ユースオーケストラに参加するFTVジュニアオーケストラは、福島テレビ（FTV）を母体とした民間の組織《そしき》で、福島市を中心とした地元の小学四年生から高校三年生までで構成《こうせい》されていた。一九七四年に結成された、この年ちょうど四十周年をむかえた歴《れき》史《し》ある団体《だんたい》だった。震災《しんさい》後、避難《ひなん》して離《はな》ればなれになっていたメンバーがもどってはきたものの、一〇〇名ほどいた団員《だんいん》が七十名までへってしまったそうだ。

十月十二日（土）、本番前日のリハーサルが仙台《せんだい》市内の女子校の体育館を借りて行われた。そのなかに、その日行われる坂本龍一《りゅういち》さんとの初顔合わせをひときわ楽しみにしていた子がいた。福島県福島市出身の橘《たちばな》高校に通う二年生、阿部秀捷《あべひでとし》くんだ。

　中学時代は吹奏楽《すいそうがく》部で ユーフォニウムを演奏《えんそう》していたが、この日は高校入学時から管弦《かんげん》楽《がく》部に入ってはじめたチェロの担当《たんとう》として、管弦楽《かんげんがく》パートの出番を待っていた。いつもジャケットを着ているせいか、のちのち、みんなから「ダンディ」と呼《よ》ばれるようになる。

　坂本さんが作曲し、今回演奏《えんそう》する「Merry Christmas《メリークリスマス》 Mr.《ミスター》 Lawrence《ローレンス》」と「八重《やえ》の桜《さくら》 メインテーマ」の二曲はまえから知っていたという。特に「八重《やえ》の桜《さくら》」は、福島県にかつてあった会津藩《あいづはん》を取りあげたその年のNHK大河《たいが》ドラマのオープニングテーマであり、家族で毎週楽しみに見ていたからなじみがあったのだそうだ。

「出だしのフルートの音は、〝戦争の予感〟です」

　坂本さんによる曲のイメージを聞いて、びっくりした。作曲家の頭のなかには、こんな具体的なイメージがあるのか。すべての音に作曲した人の意図がこめられてできているのか。それまでの練習では、みんなで合わせることしかやっていなかった。作曲した人のイメージをじかに聞いて、それに演奏者《えんそうしゃ》みんなが近づけていくことをはじめて体験した。トランペットの裏《うら》で小さく動く自分のチェロにも和音やハーモニー以上の意味があるんだ！

　一時間に満たないリハーサルをおえて、いままでにない演奏《えんそう》のおもしろさに、ダンディはたまらなく感動した。

四歳《さい》からヴァイオリンをはじめ、小学校三年生からFTVジュニアオーケストラに所属《しょぞく》している高校二年の佐藤実夢《さとうみむ》さん（ミム）も、坂本さんの言葉でこれまでの音楽観が大きく変わったひとりだ。坂本さんの曲はセカンド・ヴァイオリンの旋律《せんりつ》が全体をささえている感じがして、きっと演奏《えんそう》する人のことをよく考えて曲を作っているんだと思ったという。そして、指導《しどう》の言葉もていねいに選んでくれていて、言外に「もっとできるよ」という期待感が伝わってきたそうだ。

十月十三日（日）の朝。松島《まつしま》は秋にふさわしく晴れわたっていた。会場となる「西行《さいぎょう》戻《もど》しの松公園《まつこうえん》」は、海岸から少しはなれた高台にあった。

坂をのぼっていくと、緑にかこまれた場所に黒ずんだ赤い卵《たまご》のような建物がぬるりとあらわれる。動くコンサートホール「ARK NOVA《アークノヴァ》」だ。いざ中に入ってみると、思った以上に明るい。天井《てんじょう》からつり下げられた大きな丸い風船型《がた》の照明だけでなく、太陽の光が、すき通った天面の膜《まく》からさしこんでくるからだろう。外の木々が風でゆらぐと、会場をつつむ膜《まく》がスクリーンのように、その影《かげ》を映《うつ》しながら連動して動く。そのリズムは呼吸《こきゅう》のようにも感じられ、まるで、人間の胎内《たいない》にいるような感覚だ。

会場が静寂《せいじゃく》につつまれた。「LUCERNE FESTIVAL ARK NOVA《ルツェルンフェスティバルアークノヴァ》 松島《まつしま》 2013」のラストをかざるクロージングプログラム、「東北ユースオーケストラ with《ウィズ》 坂本龍一《りゅういち》」の開幕《かいまく》だ。

坂本さんの指揮《しき》に合わせ、短い小太鼓《だいこ》のドラムロールから飛びだすような、管楽器のキラキラとした音の重なりが響《ひび》きわたる。東北ユースオーケストラの吹奏楽編成《すいそうがくへんせい》による「日本サッカーの歌」だ。二〇〇二年のＦＩＦＡワールドカップの招致《しょうち》のために日本サッカー協会が坂本さんに作曲を依頼《いらい》したアンセム。国歌のことを英語で「ナショナル・アンセム」というように、アンセムとは集団《しゅうだん》がのちのちまでの繁栄《はんえい》を願って歌う曲。いわば、この曲は日本のサッカーの未来を祝うための曲だ。幕開《まくあ》けのアンセムは、東北ユースオーケストラのはじまりを告《つ》げるようだった。

続いて、ＹＭＯの名曲「BEHIND THE MASK《ビハインドザマスク》」、映画『ラストエンペラー』の挿入《そうにゅう》曲《きょく》「Rain《レイン》」の吹奏楽《すいそうがく》バージョン。吹奏楽《すいそうがく》パートの最後は、「School Music Revival Live《スクールミュージックリバイバルライブ》」のテーマ曲「ETUDE《エチュード》」。かたかったメンバーの演奏《えんそう》も、プログラムが進むにつれだいぶ落ちついてきたようだ。

そして、ステージ上のメンバーは管弦楽編成《かんげんがくへんせい》に交替《こうたい》する。曲は「八重《やえ》の桜《さくら》　メインテーマ」から。その後、「Merry Christmas Mr. Lawrence《メリークリスマスミスターローレンス》」で指揮《しき》位置からピアノの前のいすにこしかけた坂本さんは、ピアノを演奏《えんそう》しながら指揮《しき》をとる、弾《ひ》き振《ふ》りに変わった。

イントロ（導入部《どうにゅう》）がはじまると、ホールからは拍手《はくしゅ》が起こる。その期待にこたえるように熱を帯びていく演奏《えんそう》。ステージ上の熱気が深紅《しんく》のホールに舞《ま》いあがり、元気で華麗《かれい》な音を鳴《な》り響《ひび》かせる。

チェロ担当《たんとう》のダンディは、ピアノを弾《ひ》く坂本さんが自分と目を合わせてくれたことをはっきり覚えているという。もともとは坂本さんに対して、こわい人というイメージをもっていたそうだが、目が合った瞬間《しゅんかん》に、物静かな瞳《ひとみ》のなかにあたたかさを、独特《どくとく》の熱を感じたのだそうだ。

終演《しゅうえん》後、おそろいのオリジナルTシャツに、坂本さんからのサインをもらおうとする子どもたちの長蛇《ちょうだ》の列ができた。よろこんで、つぎつぎリクエストにおうじる坂本さん。子どもたちは笑顔でサインをもらい、握手《あくしゅ》をお願いし、記念写真を撮《と》っていた。同じステージで、同じ曲を演奏《えんそう》した仲間という一体感があった。坂本さんも子どもたちも、この日のパフォーマンスにいい知れない手ごたえを感じたようだった。

ダンディは、この日をおえ、みんなでひとつのものをつくりあげていくのがこんなに楽しいことなのかと思ったそうだ。

「またやってみたい。音楽をつくりたい」

「東北ユースオーケストラ」発足《ほっそく》

ダンディが待ち望んだ〝また〟の機会は意外と早くやってきた。

ＮＨＫが震災《しんさい》後、毎年三月十一日ごろに生放送する『〝明日へ〟コンサート』という音楽番組がある。番組では、震災《しんさい》の記憶《きおく》を風化させないよう、被災地《ひさいち》の今や、復興《ふっこう》への取り組みを東北からの中継《ちゅうけい》もまじえて紹介《しょうかい》する。そこで、坂本龍一《りゅういち》さんと東北ユースオーケストラの共演《きょうえん》で、「LUCERNE《ルツェルン》 FESTIVAL《フェスティバル》 ARK《アーク》 NOVA《ノヴァ》 松島《まつしま》 2013」で演奏《えんそう》した「八重《やえ》の桜《さくら》メインテーマ」を、福島市からの生中継《ちゅうけい》で演奏《えんそう》してほしいという依頼《いらい》が来たのだ。

いきなり大きな話が持ちこまれた。この年の放送は三月十日（月）と平日の夜になるので、福島市在住《ざいじゅう》のメンバーを中心に編成《へんせい》できるかどうかが実現《じつげん》のポイントだ。

さっそく、ＦＴＶジュニアオーケストラの事務局《じむきょく》としてARK《アーク》 NOVA《ノヴァ》松島《まつしま》でお世話になった大塚真理《おおつかまり》さんに問いあわせてみた。すると、

「三月十日は福島県の高校の入試日なので、ちょうど授業《じゅぎょう》のない高校一、二年生のメンバーなら出演可能《しゅつえんかのう》です」

とのお返事。なんという偶然《ぐうぜん》だ。演奏《えんそう》に必要な特殊《とくしゅ》楽器のチェレスタ(鍵盤《けんばん》楽器のひとつ)は持っているし、ハープは借りられる。どちらの演奏者《えんそうしゃ》も手配できるという。まずは、地元のFTVジュニアオーケストラから六十四名に参加をお願いし、足りない弦《げん》楽器十二名とピッコロ奏者《そうしゃ》は仙台《せんだい》ジュニアオーケストラから派遣《はけん》してもらえることになった。

これで福島県、宮城県のメンバーがそろったが、「東北三県混成《こんせい》オケ」とうたうからには岩手県からのメンバーも必要だ。すると平日にもかかわらず、盛岡《もりおか》市の「もりおかジュニアオーケストラ」から、チェロ担当《たんとう》が一名参加してくれることになった。これでなんとか演奏《えんそう》の体裁《ていさい》はつくれそうだ。

NHK総合《そうごう》のゴールデンタイムでの生中継《ちゅうけい》は、東北ユースオーケストラのことを全国の視聴者《しちょうしゃ》に知ってもらえる機会になる。この日の演奏《えんそう》をきっかけに、継続《けいぞく》的な活動にできないものか。

ARK NOVA《アークノヴァ》松島《まつしま》のあと、来場者や、出演《しゅつえん》した子どもたち、学校の指導者《しどうしゃ》、保護者《ほごしゃ》の方々から、今後の継続《けいぞく》した活動への期待と熱望の声を数多くもらっていた。その声にこたえるためにも、東北ユースオーケストラの今後のさらなる発展《はってん》と継続《けいぞく》的な活動をめざし、組織《そしき》化を検討《けんとう》しよう。

二〇一四年三月十日（月）、パイプオルガンが美しい福島市音楽堂《どう》での、NHKの生中《ちゅう》継《けい》ライブの日に合わせ「一般社団《いっぱんしゃだん》法人東北ユースオーケストラ」が正式に発足《ほっそく》した。

これで活動の形は整った。

七月一日。わたしは東京駅から東北新幹線《しんかんせん》に乗っていた。八月に、三回目にして最後の「School Music Revival Live《スクール ミュージック リバイバル ライブ》 2014」をひかえ、東北ユースオーケストラの理事でもある、福島民報《みんぽう》、河北新報《かほくしんぽう》、岩手日報《にっぽう》の新聞社をまわるため、福島市、仙台《せんだい》市、盛岡《もりおか》市とおとずれて、東京に日帰りする出張《しゅっちょう》だった。

朝の十時を過《す》ぎたあたり、携帯《けいたい》電話が鳴った。発信元は坂本龍一《りゅういち》さんの所属《しょぞく》レーベルの幹部《かんぶ》からだ。直感的に悪い予感がした。

「朝からすみません。急ぎ、お知らせしないといけないことがあります。教授《きょうじゅ》（坂本さん）に中咽頭《ちゅういんとう》がんが見つかりました。ステージ3のようです。ニューヨークで治療《ちりょう》に専念《せんねん》するため、七月、八月の来日はキャンセルさせてください」

ぼう然とした。シートにすわり、思わず「中咽頭《ちゅういんとう》がん　生存確率《せいぞんかくりつ》」と検索《けんさく》したことは覚えているが、その後の理事三社との打ち合わせは内容《ないよう》をほとんど覚えていない。

八月三日（日）、子どもの音楽再生基金《さいせいききん》最後の活動となる「School《スクール》 Music《ミュージック》 Revival《リバイバル》 Live《ライブ》 2014」が行われた。とにかく一回目のライブをやってみたあのときには、その二年後のオープニングに「東北ユースオーケストラ」なるオリジナルのオーケストラが演奏《えんそう》するとは考えもしなかった。三月のＮＨＫの番組での演奏《えんそう》のときと同じ、よせ集めの編成《へんせい》ではあったが、「東北ユースオーケストラ」という形はできた。しかし、残念ながらその場に坂本さんはいなかった。

ニューヨークで療養《りょうよう》中の坂本さんからのメッセージを、司会の渡辺真理《わたなべまり》さんが読みあげた。

「三年間、笑ったり、涙《なみだ》ぐんだり、楽しい音楽を聞かせてくれましたね。大震災《しんさい》のあと、音楽をやることで、みんながつらい毎日をなんとか乗りこえてこられたのかな、と想像《そうぞう》して、あらためて音楽ってすばらしいな、音楽をやっていてよかったなと、みんなに教えられました。ありがとう。そのときの気持ちをわすれないで、大きくなっても音楽をたくさん聞いてください。音楽の楽しみを、いつも生活のなかに取りいれてください。東北がほんとうに復興《ふっこう》するまで、わたしはいつまでも応援《おうえん》しています！」

エンディングは、三回で最も多い三三〇人以上の出演者《しゅつえんしゃ》と、急きょ代役をお願いした山下洋輔《ようすけ》さんとの大会テーマ曲「ETUDE《エチュード》」の大合奏《がっそう》。山下さんは、長年坂本さんと親交の深いジャズピアニストだ。山下さんのはげしいアドリブの演奏《えんそう》が炸裂《さくれつ》する。活動のフィナーレにふさわしい、若《わか》いエネルギーの沸騰《ふっとう》がそこにはあった。

こうして、こどもの音楽再生基金《さいせいききん》は、三年間の活動をおえた。

寄付額《きふがく》は、一億五七二八万円にのぼり、第一次活動として、被災地域《ひさいちいき》の三三〇四の楽器を点検《てんけん》、一九八七の楽器の修理《しゅうり》を行った。また、第二次活動として、音楽講師《こうし》やオーケストラ団員《だんいん》、演奏家《えんそうか》四十三組が一六一校の幼稚園《ようちえん》・小学校をおとずれ、「音楽鑑賞《かんしょう》教室」を実施《じっし》。二〇一二年、一三年、一四年八月には、被災地《ひさいち》の中学校・高校の音楽系《けい》クラブが参加して演奏《えんそう》やパフォーマンスを行う「School《スクール》 Music《ミュージック》 Revival《リバイバル》 Live《ライブ》」を宮城県で実施《じっし》した。第二回からは、福島の和太鼓《わだいこ》や「じゃんがら念仏踊《ねんぶつおど》り」のパフォーマンス、三味線《しゃみせん》など、東北の伝統芸能《でんとうげいのう》を取りいれたグループも出場して、音楽表現《ひょうげん》の多様性《せい》を広げてくれた。三回でのべ約一二〇〇名の出演者《しゅつえんしゃ》と約三七〇〇名の来場があり、配信で視聴《しちょう》してくれた人も十万人に達した。

基金《ききん》の最終活動報告書《ほうこくしょ》によせて坂本さんからメッセージがとどいた。

「急きょ、東北三県から子どもたちが集まって、『東北ユースオーケストラ』が結成されました。

こんなすばらしい体験ができたのも、『こどもの音楽再生基金《さいせいききん》』の活動があったからこそ、だと思います。その意味で、『こどもの音楽再生基金《さいせいききん》』の精神《せいしん》は、『東北ユースオーケストラ』に引きつがれた、といってもいいでしょう。この『東北ユースオーケストラ』は、期間限定《げんてい》ではなく、続けられるかぎり継続《けいぞく》し、東北の子どもたちの音楽体験の幅《はば》が、いままで以上に豊《ゆた》かになることをめざします。

『こどもの音楽再生基金《さいせいききん》』の活動をささえてくださった多くのみなさまへは、どんな感謝《かんしゃ》の言葉も足りません。


困難《こんなん》なときもよい音楽は心をうるおし、養ってくれます。

音楽を聞くよろこびをたくさんもちましょう。

そして人とそのよろこびを共有しましょう。

よい音をたくさん聞きましょう。


坂本龍一《りゅういち》」

こどもの音楽再生基金《さいせいききん》は、一般社団法人《いっぱんしゃだんほうじん》東北ユースオーケストラに引きつがれた。あの日、坂本さんに会いにニューヨークを訪問《ほうもん》したときの話がきっかけとなり、被災《ひさい》した音楽のため、子どもたちのためのさらに大きなプロジェクトとなって始動するのだ。

さぁ、東北ユースオーケストラだ！

(上)School《スクール》 Music《ミュージック》 Revival《リバイバル》 Live《ライブ》 2012のアンコールで、「ETUDE《エチュード》」の全員合奏《がっそう》。手拍子《てびょうし》で参加したメンバーも。(左)ARK《アーク》 NOVA《ノヴァ》 松島《まつしま》 2013。全員がおそろいのTシャツを着て演奏《えんそう》。

(下)「こどもの音楽再生《さいせい》基金《ききん》」の記者発表にて。中央が坂本龍《りゅう》一《いち》さん。(左下)School《スクール》 Music《ミュージック》 Revival《リバイバル》 Live《ライブ》 2012のポスター。

間《かん》奏《そう》曲《きょく》#1

大塚真理《おおつかまり》（福島県福島市）が体験した3・11と東北ユースオーケストラ

3・11のときは、福島テレビの旧館《きゅうかん》五階にあるFTVジュニアオーケストラの事務局《じむきょく》にひとりでいました。いつも二時四十分が、仕事のひと区切りがつく時間だったんです。

その日もコーヒーをいれようと立ちあがったら、携帯《けいたい》の地震警報《じしんけいほう》が鳴ると同時に、はげしくゆれだしてびっくりしました。逃《に》げようと廊下《ろうか》を走ったけれど、思うように前に進めないんです。すると壁《かべ》が部分的にくずれてきた。譜面台《ふめんだい》がいっせいにバタバタと音を立ててたおれ、階段《かいだん》を降《お》りることもできず、エレベーターホールの角の柱につかまっていました。すると、わたしの背後《はいご》であの重いコピー機が左へ右へと走ったんです。びっくりして、あのときはこのままひとりで死ぬんだと思いましたね。

それから続いた二回目のほうがゆれが大きくて、長く感じました。しばらくしてゆれがおさまると、「あぶないので外に出て」といわれました。建物から出ると、外は雷《かみなり》と吹雪《ふぶき》でした。

それから、家族の安否《あんぴ》を確認《かくにん》するために家に帰るようにいわれ、いったん五階の事務《じむ》局《きょく》にもどったら、テレビもファックスもふっとんでいましたね。ようやくかばんと靴《くつ》をさがして、コートを持って車に乗りました。運転しながら車内のラジオで「津波《つなみ》が発生」と聞きました。被害状況《ひがいじょうきょう》を報道《ほうどう》していたけれど、よく理解《りかい》できませんでした。道路は信号が止まっているので、交差点をわたることすら思うままにできず、行きかう車同士《どうし》で「ごめんなさい」と道をゆずってもらったりゆずったり、できるだけ踏切《ふみきり》のない道を選んで車を走らせました。

水道管が破裂《はれつ》したところは、どこが道路かわからない状態《じょうたい》で、運転しながら足がふるえました。もう自分の家もないのではと思いながら、運転するのに必死でした。道路が陥《かん》没《ぼっ》して、そこに軽自動車が落ちている脇《わき》を通りぬけたときの恐怖《きょうふ》。あのときのことを思うといまだにこわいです。

3・11を体験して、日々なにごともなく過《す》ごせるありがたさを感じるようになりましたね。電気・ガス・水道があたりまえに使えることのありがたさ。そして、なにごとにも感《かん》謝《しゃ》です。

平凡《へいぼん》がいちばん、ふつうがいちばん。なにごとにも「ありがとう」と感謝《かんしゃ》の気持ちをもてるようになり、気持ちがおだやかになったと思います。

それから、ふだんから災害《さいがい》への備《そな》えをするようになりました。それでも、またあったらうろたえるのだろうなとも思いますけど。

実は震災《しんさい》のあと、FTVジュニアオーケストラはしばらく活動を休止したらどうかという話になりました。子どもたちは続けたがっている。しかし、毎週練習に使っていた福島テレビの旧館《きゅうかん》の社屋は、使えない。報道《ほうどう》部と制作《せいさく》部が入っていた新館は、それほどの被《ひ》害《がい》はなかったのですが、旧館《きゅうかん》がひどかった。あらゆるガラス、窓《まど》ガラスがほとんど割《わ》れたから、そのあとずーっとベニヤ板でおおうような状態《じょうたい》が続きました。よくけが人がひとりも出なかった、奇跡《きせき》に近い、といわれましたね。

そんななかでも、二〇一一年の五月に、練習を再開《さいかい》しました。あちこち転々と場所を変えては、練習を続けました。ときには関連会社の会議室で練習させてもらうこともありました。そして、七月、福島市音楽堂《どう》が再開《さいかい》してすぐに、定期演奏会《えんそうかい》ができたんです。子どもたちが「ぜったいやりたい」といってくれたおかげです。もちろん、親御《おやご》さんのサポートもありました。
二〇一三年の「LUCERNE《ルツェルン》 FESTIVAL《フェスティバル》 ARK《アーク》 NOVA《ノヴァ》 松島《まつしま》 2013」には、無我夢中《むがむちゅう》で取り組みました。最初に聞いたときには、「ほんとうにそんな大きな企画《きかく》ができるのかな」と半信半疑《はんぎ》でした。自分でもよくできたと思う。子どもたちのために、いまやらなきゃというエネルギーですね。なにかをやっていたほうが気がまぎれて、そのほうが自分も楽な時期でした。止まっちゃうとだめだったんです。

わたしとしては、機会があれば、子どもたちをどこか福島の外に連れていきたかった。そして、世界に目をむけさせる。いろんな人を知る。ARK《アーク》 NOVA《ノヴァ》のイベントは、そんな絶《ぜっ》好《こう》の機会だと思ったんです。

しかし、FTVジュニアオーケストラの講師《こうし》の先生方の一部からは反対の声もありました。子どもたちの負担《ふたん》になるというんです。でも、こんなふうに、世界とつながれる機会はめったにありません。行ける子どもだけでも、と、FTVジュニア以外にも近隣《きんりん》の高校の管弦楽部《かんげんがくぶ》や吹奏楽部《すいそうがくぶ》などにも声をかけ、一五〇人をこえる子どもたちが参加できました。

ドゥダメルや坂本龍一《りゅういち》という世界につうじる人と、松島《まつしま》の特別な場所で、いい経験《けいけん》がつめたと思いますね。

それに、本番の休憩時間《きゅうけい》に、子どもたちが坂本さんからおそろいのTシャツにサインをもらってうれしそうに笑っているのを見て、わたしも自分のことのようにうれしかったです。

ARK NOVA《アークノヴァ》松島《まつしま》の二か月後、二〇一三年十二月三十一日、FTVジュニアオーケストラ創設《そうせつ》四十周年を記念した、ベートーヴェンの「交響曲《こうきょうきょく》第九番（第九）」の演奏会《えんそうかい》を行いました。わたしはその年度で事務局《じむきょく》をやめる予定だったので、その演奏会《えんそうかい》は、自分にとっても集大成の意味がありました。会場は福島県文化センターという公共施設《しせつ》で、年末は通《つう》常《じょう》二十八日で仕事納《おさ》めでした。それを「どうしてもあけてください」とお願いして、開《かい》催《さい》させてもらいました。ホールの歴史《れきし》ではじめてのことだったそうです。

この企画《きかく》を提案《ていあん》したときには、

「年末でいそがしいからだめだべ、むりだべ」

といわれました。でも、子どもたちに聞くと「やってみたい」というんです。実際《じっさい》やれるんです。子どもは「やるよ」といったら、やるんです。おとなが決めてはいけないんです。

このことは、子どもたちに教えられたことです。子どもたちってすごいんですよ。わたしは若《わか》い人たちにパワーをもらって生きてきた、助けられて生きてきたんです。

わたしはジュニアオケの仕事を十年でやめようと思っていました。わたしの子どもも大学を卒業するし、六十歳《さい》から先は自由に生きるのだと決めていたからです。だから「歓喜《かんき》の歌」と呼《よ》ばれる主題のある、第九をやってしめくくりたいと思ったんです。第九の合唱団《だん》を編成《へんせい》するためには公募《こうぼ》をしなければならず、たいへんだろうといわれたけれど、好きなことだからがんばれるんです。そしてサポートしてくれる、先生やまわりの人にめぐまれていました。おかげさまで演奏会《えんそうかい》は大成功となりました。

第九で仕事をおえるつもりが、まさか東北ユースオーケストラの事務局《じむきょく》を続けることになるとは思わなかったです。

東北ユースオーケストラは、卒団《そつだん》した団員《だんいん》が練習や演奏会《えんそうかい》にやってきてくれます。そういう場があることがすばらしいと思いますね。だから長く続けてほしい。

いつか、海外公演《こうえん》も実現《じつげん》してほしいです。よちよち歩きからはじまった東北ユースオーケストラが、スイスの本場のルツェルン音楽祭で凱旋公演《がいせんこうえん》できるといいですね。

あの二〇一三年のARK NOVA《アークノヴァ》松島《まつしま》のときのオーケストラが、こんなにりっぱになって、といわれたら、最高じゃないですか。

第二楽章

はじめての演《えん》奏《そう》会《かい》にむかって

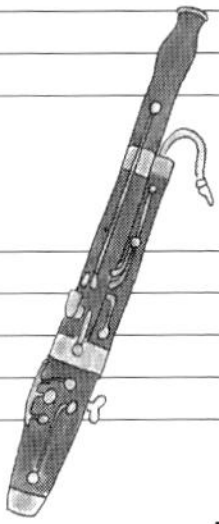

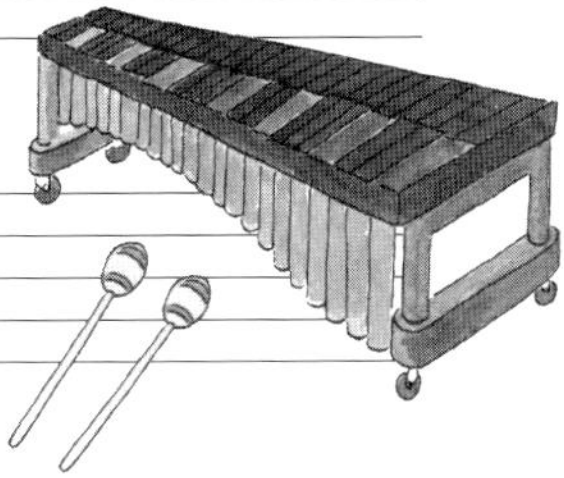

さて、このオーケストラでなにをする？

念願かなって正式発足《ほっそく》した東北ユースオーケストラは、坂本さんの闘病《とうびょう》のため、二〇一四年は活動らしい活動ができないままおわってしまった。

そしてむかえた二〇一五年、ニューヨークから「坂本さんが回復《かいふく》しつつある」との知らせがとどき、いよいよ本格的《ほんかく》に東北ユースオーケストラの活動がはじめられると思った矢先、大きな問題に直面した。

「東北ユースオーケストラ」という額縁《がくぶち》は用意できたものの、キャンバスはまっ白。つまり、正式に所属《しょぞく》している団員《だんいん》もいなければ、指揮者《しきしゃ》や事務局《じむきょく》も、めざす姿《すがた》も決められていなかったのだ。

まずは団員《だんいん》のこと。これまでに行ってきたARK NOVA《アーク ノヴァ》松島《まつしま》のイベントやNHKの復興《ふっこう》音楽番組での生演奏《えんそう》、こどもの音楽再生基金《さいせいききん》の中高生対象《たいしょう》の音楽ライブ「School Music《スクール ミュージック》 Revival Live《リバイバル ライブ》」は、すべてイベントありきで、被災《ひさい》三県の管弦楽《かんげんがく》部や吹奏楽《すいそうがく》部などの学校や、地元のジュニアオーケストラやユースオーケストラなどの音楽団体《だんたい》に声をかけて、「東北ユースオーケストラ」という名前のもとで演奏《えんそう》してもらっていた。正式な団員《だんいん》ではなく、いわば出張演奏《しゅっちょうえんそう》のような形だ。

今後も学校、団体《だんたい》単位での参加の呼《よ》びかけで続けられるかと思っていたが、そうなると東北ユースオーケストラの活動はどうしても二の次になってしまい、優先《ゆうせん》されなくなる。すでに活動実績《じっせき》のある団体《だんたい》に核《かく》になってもらおうという考えはあまかった。

やはり、ゼロから東北ユースオーケストラの団員募集《だんいんぼしゅう》をする必要がある。それには、どんな人を募集《ぼしゅう》しているのかをしめす募集要項《ぼしゅうようこう》が必要だ。なんのために、なにをめざして活動するのか、少なくとも二〇一五年の活動計画を明らかにする必要がある。この指止まれの「この指」をつくらないといけない。

それと同時に、活動をささえる組織《そしき》を整えないといけない。活動のためのお金を集めないといけない。多くの人に知ってもらうための広報《こうほう》に力を入れなければいけない。しないといけないことだらけだった。

さて、まずは入団資格《にゅうだんしかく》。

東日本大震災《しんさい》からの復興《ふっこう》を目的とするオーケストラなので、３１１を被災《ひさい》三県で体験したことをいちばんの条件《じょうけん》にして、いまの住所は問わないことにしよう。年齢《ねんれい》はひとりで学習塾《じゅく》に行けるくらいからかなと、小学四年生から大学四年生までとした。結果的には、専門《せんもん》学校生や大学院生も団員《だんいん》になった。入団《にゅうだん》したいという気持ちが大事なので、演奏《えんそう》のうまいへたは問わないことにした。もちろん入団《にゅうだん》にお金を取ることはしない。しかし、毎月の練習会場への交通費《ひ》は各自負担《ふたん》してもらう。

つぎに、オーケストラの目標だ。東北ユースオーケストラは、なにをめざし、どんなことにいどむオーケストラなのか。

一般社団法人化《いっぱんしゃだんほうじんか》にあたって、坂本龍一《りゅういち》さんには「監督《かんとく》」という立場をお願いした。オーケストラでは「音楽監督《かんとく》」と呼《よ》ばれることが多いが、むしろ音楽にかぎらず、ひろく芸術《げいじゅつ》や思想の視点を導《みちび》くという意味での「監督《かんとく》」役だ。もともと坂本さんは「教授《きょうじゅ》」というあだ名で知られた人だったが、東北ユースオーケストラのちびっ子から「坂本監督《かんとく》」と呼《よ》ばれるのはなんだかゆかいだぞとも思った。

坂本監督《かんとく》からはさっそく、団員募集《だんいんぼしゅう》にあたっての希望をもらった。

「東北から、子どもたちとともに新しいオーケストラの形にいどみ、できたら音楽の枠《わく》をもこえた東北ならではの創造性《そうぞうせい》を、世界にむけて発信できたらと願います。

あの巨大《きょだい》な自然の力をわすれることなく、その爪《つめ》あとが残るうちは、できることをお手伝いしたいと思いますし、地元の方々がそう望まれるあいだは、続けていきたいと思います」

そしてもうひとり、ARK NOVA《アーク ノヴァ》松島《まつしま》の際《さい》に東北ユースオーケストラのとりまとめに力を発揮《はっき》していただいた、大塚真理《おおつかまり》さんにも話を聞いた。

大塚《おおつか》さんは、このときすでに福島テレビを定年退職《たいしょく》していた。そこで、東北ユースオーケストラの組織《そしき》としての立ちあげから、福島事務局《じむきょく》としてサポートをしてもらえることになったのだ。

「ジュニアオケの団員募集《だんいんぼしゅう》で大事なのは、指揮者《しきしゃ》はだれか、演奏会《えんそうかい》ではどのような曲を演奏《えんそう》し、どんなホールで演奏《えんそう》するか。あと夏は合宿をすると、練習時間も取れるし、団員《だんいん》同士《どうし》もなかよくなりますよ」

指揮者《しきしゃ》については、なによりも復興《ふっこう》のための子どもたちのオーケストラであることをよく理解《りかい》してもらう必要がある。さらに世界に目がむいた人であることが望ましい。

白羽の矢が立ったのが、柳澤寿男《やなぎさわとしお》さんだった。

柳澤《やなぎさわ》さんは、東ヨーロッパの旧《きゅう》ユーゴスラビアを中心に活躍《かつやく》している指揮者《しきしゃ》だ。戦争により、ことなる民族同士《どうし》がいがみあったバルカン半島で、柳澤《やなぎさわ》さんは二〇〇七年に民族の共栄を目的に「バルカン室内管弦楽団《かんげんがくだん》」を立ちあげた。二年後の二〇〇九年には、国連の指導《しどう》のもと、紛争《ふんそう》後初となる多民族合同オーケストラのコンサートを成功させていた。このときのことは、高校の世界史《せかいし》の教科書にものっている。国や民族、宗教《しゅうきょう》を乗りこえた「世界市民」という考えの実現《じつげん》を願い、世界平和のためのコンサートを世界各地でひらいているという。

とても高い理想を追い求める人だが、実際《じっさい》に会ってみると、おだやかでやさしい人柄《ひとがら》だった。東北ユースオーケストラの社会的意義《いぎ》もよく理解《りかい》してくれ、幅《はば》広い年齢《ねんれい》から構成《こうせい》される子どものオーケストラも、安心してまかせられると確信《かくしん》できた。

３１１からの復興《ふっこう》をうたうオーケストラとしては、やはりつぎの三月に第一回の演奏会《えんそうかい》をひらきたい。九月から月一回の合奏《がっそう》の練習で、お客さんに聞いてもらえるだけの演奏《えんそう》に仕上げられる曲をメインにしたい。

大塚《おおつか》さんによると、東北ユースオーケストラへの多数の入団《にゅうだん》が見こめるＦＴＶジュニアオーケストラは、八月の演奏会《えんそうかい》でロシアの作曲家チャイコフスキーの「交響曲《こうきょうきょく》第五番」を披露《ひろう》するという。有名曲なので、演奏経験《えんそうけいけん》のある人も多く、これから集める団員《だんいん》でも、なんとかお客さんに聞いてもらえるだけの形になるのではないかという柳澤《やなぎさわ》さんの意見だった。しかし、この選曲だけでは、坂本監督《かんとく》が望む「新しいオーケストラの形」や「創造性《そうせい》」にはほど遠い。

そこで、去年の夏に坂本さんの代役でライブに出演《しゅつえん》したジャズピアニストの山下洋輔《ようすけ》さんを、はじめての演奏会《えんそうかい》にゲストとして呼《よ》ぼうということになった。曲目の候補《こうほ》は、アメリカの作曲家ジョージ・ガーシュインの代表曲「ラプソディ・イン・ブルー」。ジャズをだいたんに取りこんだ楽曲である。

もちろん、どちらの曲も小・中学生が演奏《えんそう》するにはむずかしい。柳澤《やなぎさわ》さんだけでは細かく教えきれない、各楽器の練習指導《しどう》については、東京フィルハーモニー交響楽団《こうきょうがくだん》というプロのオーケストラにお願いできることになった。

第一回演奏会《えんそうかい》の場所は、東京オペラシティコンサートホール。クラシックのために設計《せっけい》された大ホールである。その舞台《ぶたい》に立ちたいと思ってもなかなか立てない、演奏家《えんそうか》があこがれる会場を翌年《よくねん》の三月二十六日におさえた。もう後もどりできない。

募集《ぼしゅう》チラシには、東北ユースオーケストラの目的を三つかかげた。

・音楽活動をつうじて子どもたちの成長を支援《しえん》し、演奏《えんそう》活動によって被災地《ひさいち》の「心の復《ふっ》興《こう》」をはかること。
・演奏《えんそう》活動をつうじて日本全国および世界に対して、東北の「震災《しんさい》の記憶《きおく》と教訓」を伝えること。
・世界に通用する音楽家の育成・輩出《はいしゅつ》をめざすこと。

一般社団法人《いっぱんしゃだん》の理事である福島民報《みんぽう》、河北新報《かほくしんぽう》、岩手日報《にっぽう》の新聞社には団員募集《だんいんぼしゅう》の告知《こくち》記事の無償《むしょう》協力をお願いできた。募集《ぼしゅう》の告知《こくち》で、坂本監督《かんとく》の「地元の方々がそう望まれるあいだは、続けていきたいと思います」というメッセージものせた。もし集まらなければ、東北ユースオーケストラは解散《かいさん》すればいい。そう腹《はら》はくくっていた。一か月間、心臓《しんぞう》がドキドキしていた。

しかし、ふたをあけてみると、想像《そうぞう》以上の反響《はんきょう》だった。小学生から大学生まで一六〇人以上の応募《おうぼ》が集まったのだ。

「とにかくトランペットが大好きで、学校の休み時間にも吹《ふ》いていることが多いです。もっとたくさんの人とかかわり、楽しみながら音を深められたらいいなと思いました。被災地《ひさいち》の気仙沼《けせんぬま》に住む祖父母《そふぼ》も、ぼくを応援《おうえん》してくれているので、音楽で元気づけられたらうれしいです」（岩手県盛岡《もりおか》市出身、小学生男子、トランペット希望）藤田《ふじた》サーレム

「オーケストラで演奏《えんそう》してみたいです。人見知りなのですが、楽器をつうじてたくさんの人とつながれるといいなと思います。震災《しんさい》直後から、熊本県に四年自主避難《ひなん》していましたが、この春、福島市にもどりました」（福島県福島市出身、中学生女子、ヴァイオリン希望）三浦千奈《みうらちな》

「塩竈《しおがま》市に住む祖父《そふ》を震災《しんさい》関連死で亡《な》くしました。仙台《せんだい》市の内陸にある自分の家のまわりでは、被害《ひがい》が少なかったからこそ、祖父《そふ》を失った悲しみをだれにも打ちあけることができずにいたため、今回ユースオーケストラに参加して、さまざまな被災《ひさい》体験をした同年代の人たちと話ができたらと思っています。

また、小学生のときからわたしがホルンを吹《ふ》くのをうれしそうに応援《おうえん》してくれていた天国の祖父《そふ》に、元気にホルンを吹《ふ》いている姿《すがた》を見せられたらと思います」（宮城県仙台《せんだい》市出身、大学生女子、ホルン希望）曽根瑞貴《そねみずき》

「被災《ひさい》当時は、仙台《せんだい》の高校に通う一年生でした。あの日の寒さやラジオでの津波《つなみ》の実況《じっきょう》などを、いまでも鮮明《せんめい》に覚えています。

音楽の先生になることをめざしているため、大学ではバンドに所属《しょぞく》する子ども向けに楽器指導《しどう》をしたり、津波被害《つなみひがい》にあった地域《ちいき》の子どもたちのために演奏《えんそう》する機会をいただくこともありました。

プロの指導《しどう》のもと、被災地域《ひさいちいき》の小学生から大学生にわたる、幅《はば》広い年代の人たちとともに演奏《えんそう》する機会を得《え》られることに、貴団《きだん》への魅力《みりょく》を感じました」（宮城県仙台《せんだい》市出身、大学生女子、トランペット希望）長谷川《はせがわ》桃《もも》

「まだ経験《けいけん》は少ないけれど、このきっかけをつかみ、大舞台《ぶたい》に出てみたいと思い応募《おうぼ》しました。オーケストラが好きです。選ばれたら死ぬ気でがんばりたいです。将来《しょうらい》の夢《ゆめ》は音楽家です」（福島県福島市出身、小学生男子、ホルン希望）菊野《きくの》奏良《そら》

小学生が「死ぬ気でがんばります」とまでいってくれている。もちろん死なれてはこま

るが、あらためて公募《こうぼ》してよかったと思った。

いま東北ユースオーケストラは必要とされている。そう確信《かくしん》できた。

ふつうの学生オーケストラ、ユースオケと同じようなことをしても意味がない。柳澤《やなぎさわ》寿男《としお》さんという世界で平和のために活動する指揮者《しきしゃ》、一流オーケストラのプロ演奏家《えんそうか》による指導《しどう》、有名曲を山下洋輔《ようすけ》さんと共演《きょうえん》、ホールは国内トップクラス。どれもアマチュアの子どものオーケストラでは考えられない豪華《ごうか》メニューだ。

そして、福島事務局《じむきょく》の大塚《おおつか》さんからのもうひとつのアイデア、夏の合宿についても想《そう》像《ぞう》外の展開《てんかい》が待っていた。

いざ、宮古島《みやこじま》合宿へ！

その前年の十月、仕事で沖縄県の離島《りとう》である宮古島《みやこじま》をはじめておとずれた。沖縄本島からさらに飛行機で一時間南にむかう、当時人口五万人ほどの小さな島である。そこでたまたま出会ったのが、宮古島《みやこじま》市ジュニアオーケストラの事務局長《じむきょくちょう》の天野誠《まこと》さんだ。天野さんはその夏、ドイツのマンハイム市立青少年管弦楽団《かんげんがくだん》を宮古島《みやこじま》に呼《よ》び、演奏会《えんそうかい》を行ったという。

「ドイツの子どもたちは、ホームステイで受けいれました。来年の夏、東北ユースオーケストラの子どもたちを連れて、ぜひ合宿に来てください。滞在《たいざい》中のことは、宮古島市《みやこじまし》で支援《えん》しますから、費用《ひよう》はかかりません」

そして、天野さんは着々と受け入れの準備《じゅんび》を進めてくれていた。団員《だんいん》の募集《ぼしゅう》をはじめるにあたり確認《かくにん》を入れると、

「宮古島《みやこじま》の子どもたちとの小さな演奏会《えんそうかい》を用意して待っています。すでに観光協会や航空《こうくう》会社にも協力をお願いしています」

と、たのもしい回答が返ってきた。

福島事務局《じむきょく》の大塚《おおつか》さんも、この話に大よろこびだった。

「ほんとう？　岩手県の宮古《みやこ》市のことじゃないのよね？　ほんとうなら子どもたちはよろこびますよ。いまこっちでは、海には入れないからね」

新生の東北ユースオーケストラのキックオフは、沖縄県宮古島《みやこじま》での夏合宿からと決まった。

こんなごちそうもりだくさんメニューでいいのかなと何度も思ったが、震災《しんさい》を体験した

からこそ、ここでしかできない特別な体験ができるのが、東北ユースオーケストラであるべきだとも考えた。

八月十七日、新しく生まれ変わった東北ユースオーケストラの最初の公式行事、宮古島《みやこじま》合宿がはじまった。

初日は移動《いどう》日だ。福島組、岩手組、宮城組に分かれて集合し、それぞれ東北新幹線《しんかんせん》で東京駅までやってきた。各組に引率《いんそつ》のおとながついていたとはいえ、ほとんどが初対面同士《どうし》の子どもたちだけで新幹線《しんかんせん》に乗るのは、さぞ緊張《きんちょう》しただろう。

もちろん、これでおわりではない。山手線に乗《の》り換《か》え、浜松町《はままつちょう》でモノレールに乗って羽田空港に到着《とうちゃく》すると、今度は飛行機。三時間ほどで着いた沖縄本島の那覇《なは》空港で乗《の》り換《か》えと、電車と飛行機を合わせて十時間ほどで目的地の宮古島《みやこじま》に到着《とうちゃく》する長旅だ。はじめて飛行機に乗るという団員《だんいん》も多かった。

参加団員《だんいん》四十五名の大移動《いどう》なので、二便に分かれて、わたしは福島組といっしょに、宮古島《みやこじま》行きの便を待っていた。那覇《なは》空港のゲートの前では、ここまでの旅路のなかでみんなすっかり打《う》ち解《と》けたようで、楽しそうに話をしている。その様子に安心していたら、ひとりだけぽつんとはなれてすわり、本を読んでいる子がいる。首からかけた名札には「塘《つつみ》英純《えいじゅん》」。パーカッション担当だ。

「中学生だね。飛行機に乗るのはじめて？」

本を読む顔をあげて、「いいえ、乗ったことがあります」と答えてくれたが、話しかけられるのが少々面倒《めんどう》だという顔をしている。

「どこに行ったの？」とあえて話題を展開《てんかい》してみる。

「ニューヨークです」とさりげなく返してきた。

「え、ニューヨーク!?　だからヤンキースの帽子《ぼうし》をかぶっているんだ。家族旅行で？」

「いや、アメリカ大使館の復興支援《ふっこうしえん》プログラムがありまして、自分の作曲した作品がニューヨークのリンカーンセンターで演奏《えんそう》されるというので、招待《しょうたい》されたんです」

「すごいな。いまは、なんの本を読んでいるの？」

「作曲の本です」

この子が、応募《おうぼ》のときに「将来《しょうらい》の夢は作曲家になることです」と書いていた、エイジュンだ。

宮古島《みやこじま》行きの飛行機に乗ると、となりには小学五年生の「死ぬ気でがんばります」の菊《きく》野奏良《のそら》くん（ソラ）がすわってきた。飛行機に乗るのははじめてというから、緊張《きんちょう》しているかと思いきや、機体が動きだしたとたん、ソラはきゅうにおしゃべりになった。

「離陸《りりく》には、ローリング・テイクオフと、スタンディング・テイクオフがあります」

「なんでそんなことを知ってるの？」

「ゲームで覚えたんですよ」

「やるな、福島の小学生。そういえば、きみ、福島弁《べん》が出ないね」

「五年前まで東京に住んでいたんです。震災《しんさい》のまえの年におばあちゃんといっしょに住むために福島市に引《ひ》っ越《こ》して、そのあと被災《ひさい》して……。だから東京の人たちには、福島のことをわすれてほしくないって思っています」

そんな話をしていると、窓《まど》から島が見えてきた。あざやかな海にうかぶ島を見つめる子どもたちが、にぎやかになってきた。

「宮古島《みやこじま》って、山がない、平らな島なんですね。田中先生、ここ、津波《つなみ》が来たら一発でアウトですね」

「田中先生」といわれたのにもおどろいたが、ここにまで来て津波《つなみ》の心配をするソラの言葉にも動揺《どうよう》した。

夕方、ようやく到着《とうちゃく》した宮古《みやこ》空港。

ロビーでまず目に入ったのは、「んみゃ〜ち（ようこそ）宮古島《みやこじま》へ　東北ユースオーケストラのみなさん」という特製《とくせい》の横断幕《おうだんまく》と、笑顔の天野さん、地元の新聞社やテレビ局だった。エイジュンがテレビカメラをむけられてインタビューに答えている。地元の宮古《みやこ》テレビの取材らしい。いきなり有名人だ。さすがのエイジュンも緊張《きんちょう》気味だ。

四泊《はく》五日の合宿中は、それぞれ二、三名に分かれて、宮古島《みやこじま》のご家庭にお世話になることになっている。ホストファミリーとの対面式のあと、同じ家にお世話になるエイジュンとソラは、そろって同じ車に乗りこんでいった。

みんなの安心安全が第一の合宿。まずは全員が無事健康に宮古島《みやこじま》まで到着《とうちゃく》できた。

翌朝《よくあさ》は、会場の宮古島《みやこじま》市中央公民館に集合。

入り口に「みやこじま青少年国際《こくさい》音楽祭」というポスターが堂々《どうどう》とはられていて、おや？と思った。「東日本大震災《しんさい》を経験《けいけん》した子どもたちと宮古島《みやこじま》の子どもたちがつむぐ、オーケストラの一期一会《いちごいちえ》の瞬間《しゅんかん》」のコピーが目に入る。これは、お客さんもしっかり入るりっぱな演奏会《えんそうかい》ではないか。しかも、今日だ。

つまり、東北ユースオーケストラとしてのはじめての合同練習のあと、いきなり当日本番をむかえることになるのだ。事前に「小さな演奏会《えんそうかい》」と聞いて安心していたら、天野さんが用意した大きなサプライズだ。

いきなり八時間後にせまった本番にむけて、大あわてで練習がはじまった。

あらかじめ、小中学生でも演奏《えんそう》でき、もりあがれる曲として選曲した楽譜《がくふ》を各自に手わたし、練習してきてもらっていた。

まずは「フィンランディア」から。フィンランドの作曲家ジャン・シベリウスによる自国をたたえる交響詩《こうきょうし》である。

朝から合流した指揮者《しきしゃ》の柳澤寿男《やなぎさわとしお》さんも、団員《だんいん》とのはじめての顔合わせだ。夕方には本番の演奏《えんそう》にのぞむ事態《じたい》に混乱《こんらん》しているのか、思わずひと言。

「真夏の南の島で、北欧《ほくおう》の曲というのがすずしくていいですね」

みんな笑っていいのか、とまどっている。この冷気は悪くない。なにしろまだ出会って一日未満の集団《しゅうだん》だ。

練習の休憩《きゅうけい》時間になると、団員《だんいん》たちは昨晩《さくばん》のホストファミリーのお宅《たく》での夕食をスマホで見せあって、きゃっきゃと報告《ほうこく》しあっている。近づいて話を聞いてみた。

「ソラくんとエイジュンくんのところでは、なにをごちそうになったの？」

「タコライスです」

「なに、そのタコライスって？」

と聞く福澄茉音《ふくすみまお》くん（マオ）は、ソラと同い年で、宮城県富谷《とみや》市出身のトロンボーン担当《たんとう》だ。

エイジュンが答えた。

「沖縄の郷土《きょうど》料理だよ。ごはんの上に、ひき肉とレタスとトマトとチーズとかがのっていて、はじめて食べたけど好きになった」

ソラが自分のスマホの写真をみんなに見せる。小五で自分のスマホを持つ時代なんだな、とおどろいた。

マオは「きのうはお好み焼きをいただいて、おいしかったです」と教えてくれた。

「夜はねむれた？」

「興奮《こうふん》してねむれなくて。でも星がきれいでした」

みんな会ったばかりで年もバラバラなのに、まるで同じ学校に通う友だち同士《どうし》のよう。安心した。

短い休憩《きゅうけい》をはさんで、着々と本番会場での通しリハーサルが行われる。宮古島市《みやこじま》ジュニアオケのメンバー、宮古島《みやこじま》のおとなメンバーもまざった配置で、たしかに「一期一会《いちごいちえ》の瞬間《しゅんかん》」だ。

最終確認《かくにん》のリハーサルをおえ、いよいよ「みやこじま青少年国際《こくさい》音楽祭」の本番だ。

地元のお母さんと子ども、おじいちゃんおばあちゃん（沖縄でいうところの「おじいおばあ」）が会場のパイプいすの席をうめていく。一五〇個《こ》ほどの席が、ほぼ満席状態《まんせきじょうたい》になった。

ついに東北ユースオーケストラの出番だ。柳澤《やなぎさわ》さんが紹介《しょうかい》される。一曲目の「フィンランディア」がはじまった。

演奏《えんそう》するメンバーは、ほとんど今朝顔を合わせたばかりなのに、夕方にはもうお客さんの前で演奏《えんそう》しているのが信じられない。そのおかしさをじわじわと感じる。

本番前、ソラはいきなり大学生にかこまれての演奏《えんそう》にびっくりしていた。小学生のなかではよく吹《ふ》けるほうだったけれど、ついていくのがやっとだったそうだ。「曲の中盤《ちゅうばん》、テンポが変わって音が高くなるむずかしいところがあったけど、まわりのうまい人たちにつられてだんだん吹《ふ》けるようになっていったのが楽しかった」とあとで話してくれた。

前年からトロンボーンをはじめたばかりのマオも、「ぜんぜん吹《ふ》けなかったけれど、朝から本番までの短時間にうまくなっている自分がわかり、みんなで演奏《えんそう》する楽しさと、外より熱い会場の熱気を体に感じていた」そうだ。

ピアノは五歳《さい》からはじめお手の物だったエイジュンだったが、このときはなれないティンパニを担当《たんとう》することになり、四苦八苦していた。突貫《とっかん》工事のような練習のあとに、いきなり本番突入《とつにゅう》なのだからあたりまえだ。

二曲目は坂本監督《かんとく》の代表作、映画《えいが》『ラストエンペラー』のテーマ曲「ラストエンペラーテーマ」だった。

地理的に中国に近いせいか、みょうにこの島に合うと感じた。このあとでわかったことだが、映画《えいが》でえがかれた清《しん》王朝時代の文書に宮古島《みやこじま》が登場していた。有名な曲だけにつたなさやミスがばれないかと心配したが、お客さんから大きな拍手《はくしゅ》をもらって、なんとか本番をおえることができた。乗りきった。

はじめて降《お》りたった沖縄の離島《りとう》で、こんな場当たり的な対応《たいおう》、火事場の馬鹿《ばか》力の出し方を体感するのは、教育的には悪くないのかもしれない。

あたえられた条件《じょうけん》でなんとかするというのは、生きものとしての根幹《こんかん》の能力《のうりょく》だ。

その日の夜は、演奏会《えんそうかい》の打ち上げと歓迎会《かんげいかい》をかねて、宮古島《みやこじま》港の横でバーベキューパーティがひらかれた。共演《きょうえん》した宮古島《みやこじま》市ジュニアのメンバー、ホストファミリーたちもいっしょににぎやかに食べ物を焼いて食べる。

宮古島《みやこじま》の子どもたちは、休憩《きゅうけい》時間に思いきりはじけてさわいでいるかと思いきや、いざ楽器をかまえると、きりっとした真剣《しんけん》なまなざしで演奏《えんそう》する。音楽にかぎらない広がりのなかで、子どももおとなももみくちゃになって学んでいる様子に刺激《しげき》を受けた。

天体望遠鏡で夜の星を見せてもらった団員《だんいん》たちが大よろこびしている。しかし、天野さんが持ちこんでくれた照明機から外れると、あたりはまっ暗闇《くらやみ》なのだ。なかにははいていたビーチサンダルをどこかに落として、見つからないと大さわぎしている大学生もいる。さらに、この大喧騒《けんそう》のなか、なんとエイジュンは照明がとどく場所で、五線紙に鉛筆《えんぴつ》で作曲していたということをあとで知った。

翌朝《よくあさ》、合宿三日目の宮古《みやこ》毎日新聞の朝刊《ちょうかん》の社会面トップには、大きな写真入りで、「東北ユース、宮古島《みやこじま》ジュニア　オーケストラで交流」の見出しがおどった。この地元紙のほかに宮古《みやこ》テレビ、NHK沖縄放送局、琉球《りゅうきゅう》放送に紹介《しょうかい》された。実に幸先《さいさき》のよいデビューだ。東京で同じことをしてもなかなかニュースにならないことを思うと、インターネットの時代は、離島《りとう》での活動のほうが世界にとどくのかもしれない。

さて、合宿はまだおわりではない。

つぎの日は朝から、指揮者《しきしゃ》の柳澤寿男《やなぎさわとしお》さんによる前日の演奏《えんそう》のおさらいだ。「ラストエンペラー　テーマ」の終盤《しゅうばん》の九小節だけを一時間みっちり練習。オーケストラ演奏《えんそう》の基本《きほん》や音楽表現《ひょうげん》の心がまえ、ベートーヴェンなどの作曲家が、曲にこめた思いを楽譜《がくふ》からしっかり読《よ》み解《と》き、演奏《えんそう》することの重要性《せい》を指導《しどう》してもらった。「ラストエンペラー　テーマ」のような雄大《ゆうだい》な曲を奏《かな》でるには、世界のいろんな景色を見て、イメージを豊《ゆた》かにすることが重要だということも。

そのあとは、柳澤《やなぎさわ》さんにバルカン半島にあるコソボ共和国での活動についてお話をしてもらう機会をつくった。

おだやかな語り口で、旧《きゅう》ユーゴスラビア紛争《ふんそう》のなか、対立しあう民族同士《どうし》で編成《へんせい》されたオーケストラの指揮者《しきしゃ》となった経験《けいけん》を語ってくれた。コソボで盲腸《もうちょう》にかかったときは、二十四時間以内に処置《しょち》が必要となったものの、医療《いりょう》のレベルが心配な戦後まもないコソボで手術《しゅじゅつ》を受けることを不安に思い、飛行機に飛び乗り、ドイツで手術《しゅじゅつ》を受けたという。

そのリアルな迫力《はくりょく》に、子どもたちは夢中《むちゅう》で聞きいっていた。しめくくりは、「世界市民」

という考え方の大切さについて。また、インターネットでつながりやすくなった現代《げんだい》こそ、人と人が実際《じっさい》に会うことがとても大事であると。

ソラはこの日の話がずっと印象《いんしょう》に残っていて、のちに中学生になったとき、英語の授《じゅ》業《ぎょう》で「ノーベル平和賞《しょう》をあげたい人」について書くという課題に、「トシオ・ヤナギサワ」と書いて提出《ていしゅつ》したそうだ。

午後は全員で海にくりだした。行き先は、宮古島《みやこじま》きっての海浜《かいひん》公園「イムギャーマリンガーデン」だ。

団員《だんいん》たちのなかには、被災《ひさい》体験から海に対してこわいイメージをもっている子もいる。海岸にむかう車のなかで、わたしはみんなに問いかけた。

「よく海は青いといいますが、だれが青と決めたんでしょう。みんなの地元の海はなに色だと思う?」

「灰《はい》色」「黒」「暗い色」といった声があがる。

「そうだよね、いろんな色があっていいんだ。宮古島《みやこじま》の海でも、青じゃない色を見つけてほしい」

とちゅう、平安名崎灯台《へんなさきとうだい》から海をながめた。濃紺《のうこん》から水色に変わる色のグラデーション、エメラルドグリーンからグレー、黒へとさまざまに変化する海の色彩《しきさい》の豊《ゆた》かさを目にした。

海岸の手前の道に、灯台《とうだい》を背景《はいけい》にした撮影《さつえい》ポイントがあった。集合写真に使われるためか、三段《だん》の横長のベンチが置いてあった。

「青空と海と灯台《とうだい》をバックに写真を撮《と》ろう」

ベンチの上に三列にならんだ団員《だんいん》たちのまえで、なぜか地面に寝《ね》そべり、左右対称《たいしょう》ポーズを決める男子がふたり。ともに大学一年生、宮城県仙台《せんだい》市出身のトランペット担当《たんとう》の中村祐登《ゆうと》くん（ユウト）と、福島県いわき市出身のチューバ担当《たんとう》の冨澤悠太《とみざわゆうた》くん（ユウタ）だ。金管楽器担当《たんとう》は、前に出たがる子が多い。ユウトとユウタ、名前も似《に》ていて、漫才《まんざい》コンビみたいだと思った。

そして、みんなが待ちに待った海水浴。

海にはじめて入る子、ひさしぶりに海に入るおとな、震災《しんさい》以来海がこわくて海に入れなかった子。

「砂浜《すなはま》が白い！」「海が透明《とうめい》だ！」「魚が見える！」「水族館の水槽《すいそう》のなかにいるみたい」

あちこちでおどろきの歓声《かんせい》があがる。

そのなかでひときわ小さい男の子が、渡邉颯太《わたなべそうた》くんだ。お父さんの渡邉豊《わたなべゆたか》さんは、東北ユースオーケストラの福島事務局員《じむきょくいん》で、ＦＴＶジュニアオーケストラでトロンボーンを吹《ふ》いていたＯＢでもあり、現在《げんざい》は福島市で楽器店を経営《けいえい》している。合宿中の団員《だんいん》の楽器のメンテナンスのため、息子《むすこ》さんといっしょに参加してもらった。幼稚園《ようちえん》の年中の颯太《そうた》くんは、一度も海に入ったことがないという。

あざやかな青と緑にかがやく海を前に、颯太《そうた》くんはなれないうきわをつけて、おそるおそる波に近づいていく。すると、とつぜん波がよせてきて、おどろいた颯太《そうた》くんは、海水を頭からかぶってしまった。

「しょっぺえーーー！」

砂浜《すなはま》に、大きなさけび声が響《ひび》きわたった。颯太《そうた》くんの顔には、おどろきと、めいっぱいの笑顔が広がっていた。

そばには、わが子の初体験に目を細めて笑う豊《ゆたか》さんがいた。

同じく福島事務局《じむきょく》から引率《いんそつ》で参加した竹田学《まなぶ》さんは、豊《ゆたか》さんと同年代で、元トロンボーン奏者《そうしゃ》。ＦＴＶジュニアオーケストラでは、講師《こうし》として指導《しどう》にもあたっている。用事のため、合宿三日目の夜にひと足先に東京にもどる柳澤《やなぎさわ》さんにかわって、翌日《よくじつ》からは先生として団員《だんいん》の練習をみてもらう。実は、この日は竹田さんの誕生日《たんじょうび》だった。午前中の練習のとき、団員《だんいん》数名が「竹田先生、誕生日《たんじょうび》おめでとうございます」と「ハッピーバースデートゥーユー」の演奏《えんそう》をはじめ、最後は全員の合奏《がっそう》と歌でサプライズの祝福をした。

「一生わすれられない誕生日《たんじょうび》になりました」

といっていた竹田さんも、水中メガネをつけて子どもたちと海ではしゃいでいる。

そんなみんなの様子を、引率《いんそつ》で同行してくれている大塚《おおつか》さんが、終始笑顔で見つめていた。

はじめて会ったときから「とにかく福島の子を外に出したい」が口ぐせのようだった大《おお》塚《つか》さん。みんなが海で楽しんでいる姿《すがた》を見て、心から楽しそうだ。

「ほんとうに来てしまいましたね」

と声をかけると、

「来られるとは思わなかったからねえ。まさか福島の子たちが海で遊ぶ姿《すがた》を見られるなんてね。夢《ゆめ》みたい」

あっというまの四泊《はく》五日の合宿もあとは帰るだけ。ホストファミリーの車に乗せてもらって、東北出身とは思えないほどまっ黒に日焼けした団員《だんいん》たちが空港に集まってくる。

搭乗口《とうじょうぐち》の前で、泣きながら別れをおしむホストと団員《だんいん》たちもいる。「連絡《れんらく》してね」「また来てね」握手《あくしゅ》やハグを見ていると、こちらも泣けてくる。

ユウタは、別れ際《ぎわ》にホストファミリーのお子さんにもらった島ぞうりのキーホルダーをいまでもお守りのように大切にし、年賀状《ねんがじょう》のやりとりを続けているという。

一週間足らずで、まるでみんなほんとうの家族になったようだ。

飛行機に乗りこんで、となりにすわってきたのは、行きと同じソラだった。宮古島《みやこじま》でのはじめての体験の数々をすらすらと語ったあと、

「来年も来ましょうよ、宮古島《みやこじま》。楽しかった〜」

と期待をこめた目をこちらにむけた。

「そんな毎年はむりだよ」と笑ってごまかすと、

「じゃあ、田中先生、LINE《ライン》の交換《こうかん》しよ」

わたしもこの合宿ですっかりオケの一員と見なされたらしい。今度はごまかさずにスマホの画面を出した。

東北ユースオーケストラのはじめての夏合宿は、おどろきの連続だった。

「子どもたちに外の世界を経験《けいけん》させてあげたい」という大塚《おおつか》さんの気持ちにこたえたら、日本最南端《たん》のジュニアオケと交流することになった。その島には情熱《じょうねつ》のかたまり、天野さんを中心に、おとなも子どももまじりあって活動をするオーケストラがあった。

思えば、この宮古島《みやこじま》合宿は、東北ユースオーケストラらしさがいっぱいつまっていた。練習初日でその日にいきなり本番。坂本監督《かんとく》から、後日「ぼくは『一夜漬《づ》け』でなくて、『その日漬《づ》け』といってるよ。よくあることですよ」と聞いた。本番直前に自らをふるい立たせ、なんとかする。本番で一〇〇パーセントの力を発揮《はっき》する、ということだ。

なぜかメディアの注目を集めた。四日目におとずれたシーサーづくりの観光施設《しせつ》では、「あ、東北から来ているオーケストラの人たちだ」と声をかけられるくらい、島で有名になっていた。団員《だんいん》たちがみんな、取材にしっかりこたえていたからだ。

猛《もう》練習のあとは思いきり遊ぶ。はじめての体験をおもしろがる、楽しむ。すぐにだれとでもなかよくなる。この合宿に大学二年生で参加した服部未来子《はっとりみきこ》さんは、大学卒業の卒団《そつだん》時に「東北ユースオーケストラは、近年まれに見る、ぶっ飛びオーケストラです。ありえないことを実現《じつげん》しちゃう、エンターテインメントなオーケストラです」という言葉を後輩《こうはい》に残した。

ホームステイで家族のようにつきあえたのは、特別な体験だった。寝食《しんしょく》をともにすることで生まれる親近感、親戚感《しんせきかん》を味わえたのは、その後の東北ユースオーケストラの合宿でも明らかだ。沖縄の離島《りとう》という濃《こ》いコミュニティのなかで、人と人のつながりの大切さに気づかされたのだろう。

坂本監督《かんとく》のめざす「東北ならではの創造性《そうぞうせい》」も、こういうところから生まれてくるのかもしれない。東北という地域性《ちいきせい》、さらに同じ震災《しんさい》を経験《けいけん》したというつながりによって、団《だん》員《いん》たちのあいだにより強い絆《きずな》が育ち、自分たちにしかできない音楽が生みだされるのではないだろうか。

あこがれのコンサートホールをめざして

充実《じゅうじつ》した夏合宿からおよそ一か月がたち、演奏会《えんそうかい》にむけて本格《ほんかく》的な合奏《がっそう》練習がはじまった。三県や首都圏《けん》から全団員《だんいん》が集まる、月一回の「合同練習会」だ。

九月二十三日、第一回合同練習会は、福島市の橘《たちばな》高校の校舎《こうしゃ》を借りて行った。

第一期の団員《だんいん》の構成《こうせい》は総勢《そうぜい》一一〇名あまり。うち約七十名は現《げん》住所が福島県、ついで宮城県が二十名ほど、岩手県と、地元から全国にちらばった大学生がそれぞれ十名程度《ていど》だった。そのため毎月の練習会場は福島市となった。

宮古島《みやこじま》合宿ぶりの再会《さいかい》をよろこぶメンバーもいれば、今日がはじめてで不安でいっぱいの顔をした、初対面の団員《だんいん》もいる。そんな落ちつかない雰囲気《ふんいき》の団員《だんいん》たちで、集合場所となった教室はぎゅうぎゅうづめだ。

今日が初回だというのに、かんじんの柳澤《やなぎさわ》さんはバルカン半島にいて欠席。この日は結局、東京フィルハーモニー交響楽団《こうきょうがくだん》（東フィル）から四名の奏者《そうしゃ》に来てもらい、弦《げん》、木管、金管、打楽器の四つのセクションが、それぞれの教室に分かれての練習となった。

練習するのは、東京オペラシティコンサートホールでの演目《えんもく》であるチャイコフスキーの「交響曲《こうきょうきょく》第五番」（通称《つうしょう》「チャイ五」）と「ラプソディー・イン・ブルー」。どちらも高い技術《ぎじゅつ》を要する曲で、本番まで合同練習会は六回ほどしかない。全員で曲をとおして演《えん》奏《そう》する合奏《がっそう》の機会がそれだけ少ないということだ。ほんとうにだいじょうぶなんだろうかと、わたしは不安になった。

その後、十月、十一月と合同練習会を重ねていくうちに、各セクションでの練習の効果《こうか》があらわれてきたのか、十一月の午後の練習では、木管と金管のふたつのセクションが合《がっ》奏《そう》練習に進むことができた。一〇〇人をこえる大所帯もだんだんなじんできたようで、休憩時間《きゅうけいじかん》にはあちこちで楽しげな会話の輪もできるようになってきた。

十二月二十三日、第四回の合同練習会。柳澤《やなぎさわ》さんだけでなく、東フィルから各セクションの指導者《しどうしゃ》も来て、年内最後の練習だ。

午後からは合奏練習《がっそう》。体育館が使用中のため、一〇〇名近くが合奏《がっそう》できるスペースは、下駄箱《げたばこ》がならぶ玄関《げんかん》ホールしかなかった。十二月の福島なので、午後とはいえ玄関《げんかん》ホールはかなりの寒さだ。そんななか全員を集めたのは、団員《だんいん》たちへのサプライズのクリスマスプレゼントのためだった。

その場にとつぜん、黒いコート姿《すがた》の男性《だんせい》があらわれた。白髪《はくはつ》に黒ぶちのメガネ。まさか……と気づいた団員《だんいん》たちがざわめいた。

がんの発覚から一年あまり、音楽活動を休止して治療《ちりょう》に専念《せんねん》していた坂本監督《かんとく》が、無事回復《かいふく》したのだ。やせた顔つきはむしろ精悍《せいかん》な印象で、ずいぶん元気そうに見える。

「今日はニューヨークから来日中のいそがしいなか、坂本龍一監督《りゅういちかんとく》が福島まで来てくれました」

「やっぱり！」「うわ、本物だ！　動いてる」という声とともに、すしづめ状態《じょうたい》のオーケストラから、笑顔と拍手《はくしゅ》がわきおこった。

「まずは、チャイ五を通しで合奏《がっそう》してみましょう」

柳澤《やなぎさわ》さんの指揮《しき》で演奏《えんそう》がはじまった。

坂本監督《かんとく》は楽譜《がくふ》を目で追いながら、じっくり聞きいっている。笑顔をうかべながらも、「三月の本番までに間にあうかなあ」とやはり心配そうだ。

そして、坂本監督《かんとく》もキーボードで練習にくわわった。曲は、宮古島《みやこじま》で披露《ひろう》した「ラストエンペラー　テーマ」からだ。団員《だんいん》に楽譜《がくふ》の準備《じゅんび》をしてもらっているあいだに「この映《えい》画《が》を見た人はいますか」と聞いたら、あがった手はわずか三本のみ。宮古島《みやこじま》では、レクリエーションとして体験した、沖縄の民芸品であるシーサー手づくり教室で、粘土《ねんど》をこねながら、みんな鼻歌でこのメロディを歌っていたのに。ということで、「ラストエンペラーテーマ」について、映画《えいが》のストーリーや作曲の背景《はいけい》を坂本監督《かんとく》に語ってもらうことからはじまった。

みんながイメージをもてたところで、いざ音を合わせる。きっと坂本さんの長いキャリアで、下駄箱《げたばこ》と下駄箱《げたばこ》とのあいだにキーボードを置いて演奏《えんそう》するのは、はじめてだったにちがいない。

年が明けるとあっというまだった。一月の合同練習会では、休み時間にもパートごとに集まって練習する姿《すがた》がめだつようになった。練習後には、みんなが残って楽しそうに会話する時間がふえていた。

その時期、東北ユースオーケストラに密着《みっちゃく》して取材していたNHKのディレクターも、こういっていた。

「団員《だんいん》のみなさんは一人ひとり復興《ふっこう》にかける想いがちがう。でも、全員に共通した点がひとつだけありました。みんな年のはなれたメンバーと演奏《えんそう》するのが楽しいといっていますね」

小学生から大学生がいっしょに演奏《えんそう》する、なんていうことは、学校のクラブ活動や部活動ではまず味わえない。みんな、住んでいるところも音楽経験《けいけん》もバラバラだけど、東日本大震災《しんさい》という共通の体験がある。それが、東北ユースオーケストラの「遠い親戚《しんせき》みたいな連帯感」を生みだすのかもしれない。

二月の合同練習会では、練習後に、こんな報告《ほうこく》をした。

「演奏会《えんそうかい》のチケットは、完売だそうです」

みんなから大きな拍手《はくしゅ》と足ぶみがわきおこった。しずまってから全員を見わたして、話を続けた。

「ということで、いよいよ後もどりできません。あとは本番直前合宿で会うだけです。子どもであっても、お客さんからお金をもらって演奏《えんそう》したら、その時点でプロと同じです。みなさん、自覚をもって、自主練習を続け、体調を万全にして、来月合宿所で会いましょう」


三月二十三日、本番三日前。演奏会《えんそうかい》の直前合宿が千葉ではじまる。

首都圏《しゅとけん》の大学に通っているユウタは、いち早く会場入りをして、打楽器などの搬入《はんにゅう》やいすならべをしてくれた。練習場には「東北ユースオーケストラ第一回演奏会《えんそうかい》まで、あと七十一時間」の手書きカウントダウンが書かれたホワイトボードが用意されていた。

全員集合したところで、まずはオリエンテーション。

ここで、団員《だんいん》の演奏《えんそう》をリードしていく重要な役目、このオーケストラのコンサートマスターとして、第一ヴァイオリンの高校一年生、伊藤拓也《いとうたくや》くんが指名された。通称《つうしょう》「コンマス」と呼《よ》ばれるポジションは、学校の部活やオケでは年長者がつとめることが多いが、東北ユースオーケストラは地域差《ちいき》や年齢差《ねんれい》を問わないフラットな組織《そしき》をめざしていたので、演奏《えんそう》の実力優先《ゆうせん》で高一男子の抜《ばっ》てきとなった。

さらに今回の第一回演奏会《えんそうかい》まで、一〇〇名をこえる大所帯をまとめる、団員《だんいん》のリーダーが必要だ。

「団長《だんちょう》」と名づけると暑苦しく汗《あせ》くさく、東北ユースオーケストラらしくない。「キャプテン」と名づけ、その役を仙台《せんだい》市出身の大学三年生、長谷川桃《はせがわもも》さん（モモ）にお願いするという人事も発表した。中学校の先生をめざしているモモなら、適任《てきにん》のはずだ。

「合宿中、こまったことや、事務局《じむきょく》のおとなたちにいいにくいことがあったら、モモ・キャプテンに相談してください。キャプテン、よろしくお願いします」

合宿開始にあたり、来年度も財政《ざいせい》的な見こみが立ったので、活動を続けられることができそうだとも知らせた。どうも団員《だんいん》は、一年でおわりと思っていたようだった。そう思われないために、コンサートの名前は希望をこめて「第一回定期演奏会《えんそうかい》」としたのにな……と思いながらこういった。

「だから、来年もオペラシティで演奏《えんそう》できるように、この直前合宿の練習はたいへんかと思いますが、後悔《こうかい》することなく本番にのぞみましょう」

まずはチャイ五の練習から。休憩《きゅうけい》のあいだにも、柳澤《やなぎさわ》さんが個別《こべつ》に団員《だんいん》を呼《よ》びとめて指示《しじ》を出すようになる。カウントダウンボードは、あと六十七時間となり、「がんばっぺ(がんばろう）東北ユースオーケストラ」の文字も書きこまれるほどの追いこみモードになってきた。

夕飯はバイキング形式で、スパゲティ、カレー、麻婆豆腐《マーボーどうふ》、魚のフライにごはん大盛《も》りの高カロリー食だ。もりもり食べて、もりもり練習。夜の九時までしっかり続いた。岩手県宮古市《みやこし》からの団員《だんいん》は、朝の四時半に家を出たといっていたが、そうとうねむかったにちがいない。

合宿二日目は朝八時から練習開始。

「時間がない」を連発している柳澤《やなぎさわ》さんの指導《しどう》のもと、この日もチャイ五を猛《もう》練習。午後には坂本監督《かんとく》が合流し、さらにスペシャルゲストの俳優《はいゆう》の吉永小百合《よしながさゆり》さんがリハーサルに登場すると、子どもたちの大きな拍手《はくしゅ》、歓声《かんせい》、足ぶみが練習所に響《ひび》いた。

練習の合間に、坂本監督《かんとく》から激励《げきれい》があった。

「きみたちはプロじゃないんだから、まちがってもへたでもいい。熱い気持ちが大事なんだ。それは聞いている人にも伝わるから」

まずい、このあいだ「子どもであっても、お金をもらったらプロ」といってしまった。しまったと思ったものの、子どもたちからは気合いが注入されたような表情《ひょうじょう》が読みとれた。実際、坂本監督《かんとく》のピアノと吉永《よしなが》さんの詩の朗読《ろうどく》を前にして、共演《きょうえん》する弦《げん》楽器パートは「ついに本番がやってきた」と現実《げんじつ》をとらえはじめたのだろう。演奏《えんそう》に気持ちが入ってきたのがわかる。

そんななか、作曲家志望《しぼう》のエイジュンは、休憩《きゅうけい》時間に楽器を練習するでも休むでもなく、五線紙にむかって鉛筆《えんぴつ》を走らせていた。なぜなら、わたしがエイジュンにファンファーレの作曲をたのんだからだ。

今回の定期演奏会《えんそうかい》で演出《えんしゅつ》を引きうけたわたしは、台本のなかで、開演《かいえん》直前のステージ上での演出《えんしゅつ》アイデアを思いついてしまった。

ふつう、コンサートでは開演《かいえん》前に、「携帯《けいたい》電話のご使用はおひかえください」とか、「写真の撮影《さつえい》・録音は禁止《きんし》です」という、公演《こうえん》中の注意事項《じこう》が流れる。このアナウンスは舞台《ぶたい》袖《そで》の影《かげ》で行われることから「影《かげ》アナ」と呼《よ》ばれるのだが、東北ユースオーケストラでは、あえて舞台《ぶたい》に団員《だんいん》たちが出て読みあげる「カゲアナ隊《たい》」のコーナーをつくろうと考えたのだ。そのカゲアナ隊《たい》に続いて、トランペットによるファンファーレの演出《えんしゅつ》を思いついたのである。

カゲアナ隊《たい》の団員《だんいん》がそれぞれ学年、出身を自己紹介《しょうかい》することで、お客さんにも「ほんとうに被災地《ひさいち》から来た子なんだな」と実感してもらえる。そうして、コンサートのはじまりを告《つ》げるファンファーレは、団員《だんいん》のオリジナルの作品がいい。となったら作曲家はエイジュンしかいない。

おとなしく、前に出るタイプでないエイジュンを、「せっかくだからスコアを見てもらおう」と坂本監督《かんとく》のところに連れていった。坂本監督《かんとく》は、にっこりしながら、手書きの楽《がく》譜《ふ》に目を落とし、すかさずいってくれた。「うん、いいね」

気軽に大作曲家にコメントをもらえるのも、東北ユースオーケストラのよいところだ。あらゆる場面が学びの場だ。

夜の練習には、ゲスト出演《しゅつえん》するジャズピアニストの山下洋輔《ようすけ》さんもかけつけてくれた。坂本監督《かんとく》にとっても先輩《せんぱい》ピアニストにあたる。しかし、関係者と気づかずに、「こんばんは。なにかおさがしですか？」と声をかけた団員《だんいん》がいた。弦《げん》楽器のなかでもっとも大きいコントラバス担当《たんとう》の大学一年生、橋本果林《はしもとかりん》さん（カリン）だ。

カリンは、初日に合宿地にむかう団員《だんいん》の乗り合いバスに乗れず、ばつが悪そうに夜にひとりで合宿所にあらわれた。バスの待ち合わせ場所を、高速道路の東北自動車道と磐越《ばんえつ》自動車道でまちがえたらしい。担当《たんとう》する楽器と同じくらい大物だ。

山下さんが、「リハーサルと本番では、まったくちがうことをしますからね」とひと言いうやいなや、「ラプソディー・イン・ブルー」の合奏《がっそう》がはじまった。山下さんのソロのパートになると、ユウタやユウト、ソラやエイジュン、近くの団員《だんいん》たちが顔をニヤニヤさせて、目で会話をはじめるのがわかる。アドリブ音楽、ジャズの自由さ、その迫力《はくりょく》が楽しくてしかたないようだ。山下さん得意《とくい》のひじ打ちも出て、ビートはさらにヒートアップし、それに感化されるように子どもたちの演奏《えんそう》がぐんぐんのびやかに、音が激変《げきへん》していくのがわかる。これまでの練習とは別次元だ。

子どもの吸収力《きゅうしゅうりょく》、成長はすごい。大塚《おおつか》さんがよくいう、「子どもって、すごいんです」とはこのことだ。それまではじっと聞いていた坂本監督《かんとく》も、この躍動感《やくどうかん》に思わず手拍子《てびょうし》している。最高潮《さいこうちょう》のエンディングに、まだリハーサルなのに頭がクラクラした。

山下さんをふつうのおじさんと誤解《ごかい》していたカリンは、これがプロのピアニストの技《わざ》かと、その音色の引き出しの多さにおどろきすぎて、弓を持つ自分の手が止まってしまったそうだ。

直前合宿は三日目の最終日をむかえた。朝八時から練習開始だ。

山下洋輔《ようすけ》さん、坂本監督《かんとく》との目の覚めるような刺激《しげき》的な練習で、これまでの毎月の合同練習がなんだったんだろうというくらい、みんなの演奏《えんそう》が短時間で上達していくのがわかる。しかし、さすがに連日の練習でつかれが出てきたようだ。いつのまにかカウントダウンボードには、赤字で「みんな起きて!!」と書きこまれている。あと二十一時間。

それでも、ソラ、マオ、北川聖彩《さとい》さん（サトイ）の小学生チームは元気なものだ。様子を聞いたら、「興奮《こうふん》して毎晩《まいばん》ねむれない」と笑って答えてくれた。サトイはすっかり坂本監督《かんとく》になれたのか、食事のときはいつも監督《かんとく》のそばにいる。

「なんで坂本さんはいつも黒い服を着てるの？　カラスみたい」

と聞いてみたのだそうだ。ひやひやするが、この全員水平感が東北ユースオーケストラらしいと思う。本来なら柳澤《やなぎさわ》さんも「先生」と呼《よ》ぶべきところをあえて「柳澤《やなぎさわ》さん」と呼《よ》ばせてもらっている。教えを受ける大学生団員《だんいん》も、ときには小学生を指導《しどう》する立場になるし、おとなが子どもの純粋《じゅんすい》さに学ぶこともある。「だれが生徒か　先生か」。童謡《どうよう》「めだかの学校」の歌詞《かし》だが、理想の学校はそんなことなんじゃないかと思う。

時計が夕方六時を過《す》ぎたところで、

「はい、おわりましょう」

とマエストロ柳澤《やなぎさわ》さんが宣言《せんげん》した。

つい「もう合同練習はおわりですか?」と聞くと、「はい、やりきりました。想像《そうぞう》以上のレベルまで来た。もうはずかしくない、自信をもってお客さんに聞かせられる。子どもの吸収力《きゅうしゅう》はすごいですね～」と答えてくれた。

すべての練習終了《しゅうりょう》後の夕食では、食べざかりの男子団員《だんいん》たちが、山盛《も》りごはんに、まるで雪山の雪のようにカレーをかけ、すいすい口に運んでいた。

猛《もう》練習が続いた直前合宿のしめくくりは、息ぬきと、明日の本番への一体感をつくるため、大学生団員《だんいん》が企画《きかく》したレクリエーション大会がもよおされた。

司会は、仙台《せんだい》の大学に通う一年生、ヴァイオリン担当《たんとう》の畠山茜《はたけやまあかね》さん（アカネ）。女子団《だん》員《いん》が多いので、合宿中は円滑《えんかつ》な入浴が必要だ。女子風呂《ぶろ》を仕切ってくれたのがアカネで、合宿二日目から「風呂《ふろ》番長」という役職《やくしょく》をつけていた。

アカネとコンビを組む司会はミム。

彼女はARK NOVA《アークノヴァ》松島《まつしま》で東北ユースオーケストラに参加し、この年千葉の大学に入ったが、そこにオーケストラはなく、FTVジュニアも卒団《そつだん》となり、音楽のない生活に気持ちがしずんでいたそうだ。待ちに待った第一回合同練習会で、同じくヴァイオリンをかかえた、すごく大きなお姉さん（アカネ）と目が合った。しかも演奏《えんそう》中、自分をじっと見つめてくる。小がらなミムは、「やばい、目をつけられた、できるだけ距離《きょり》を置いたほうがいいのかな」と思ってしまったそうだが、実は彼女が同級生だとあとでわかった。アカネはただ、小がらなミムの演奏《えんそう》に聞きほれ、見つめていただけだったのだ。

身長でいうとデコボコなコンビだが、いつのまにか無二の大親友になっていた。見た目は反対だけど、中身は電極のプラスとプラスが反発するように、最初は違和感《いわかん》しかなかった相手が、実は似《に》ていたということはよくあることだ。

ふたりの司会のもと、「部屋の外で団員《だんいん》が奏《かな》でる楽器はなんでしょう」クイズ大会がはじまった。正解《せいかい》は「ユウトがトランペットのマウスピースだけを吹《ふ》く音（「ブー」という音しか出ない）」など、かなりむずかしいクイズをグループで競う。最初は団員《だんいん》といっしょにすわって見ていた坂本監督《かんとく》も、いつのまにか前へ出て、司会のアカネとミムに対して、テレビのディレクターのような指示《しじ》出しをはじめた。団員《だんいん》にとってははじめて見る、監督《かんとく》のおどけた姿《すがた》だった。

思わずマイクを取ってフォローした。

「みんなは知らないと思うけど、坂本監督《かんとく》は昔、テレビのバラエティ番組にも出演《しゅつえん》していて、この手の企画演出《きかくえんしゅつ》にはうるさいんですよ」

思えば、「監督《かんとく》」は、英語で「ディレクター」だ。

坂本ディレクター自ら、昭和のギャグ漫画《まんが》で大流行した、「シェー」のポーズを決める。左うでを高くぴんとのばし、左の手のひらを頭にかざすように垂直《すいちょく》に曲げる。右腕《うで》は直角に曲げ、手のひらは胸元《むなもと》に。同時に左ひざを直角に曲げる。ピアノを弾《ひ》いていないときの坂本監督《かんとく》の意外すぎる姿《すがた》に、みんなの爆笑《ばくしょう》と拍手喝采《はくしゅかっさい》が鳴《な》り響《ひび》いた。

明日の本番をひかえているから、一時間弱の短い時間だったが、みんな練習のときには見せないような笑顔に満ちていた。

そして、坂本監督《かんとく》から団員《だんいん》全員への手わたしのサプライズプレゼントがあった。明日の本番で使うための、東北ユースオーケストラ、略《りゃく》して「ＴＹＯ」のロゴ入りのオリジナル楽譜《がくふ》カバーだ。しかも坂本監督《かんとく》のサイン付き。実はこの楽譜《がくふ》カバー、団員《だんいん》である石井莉子《りこ》さん、葵子《あこ》さん姉妹の実家が郡山《こおりやま》で営《いとな》んでいる印刷会社からの寄贈《きぞう》品だった。

このあと風呂《ふろ》番長・アカネの仕切りの女子風呂《ぶろ》で、サトイが宣言《せんげん》したそうだ。

「うち、あと十年、東北ユースオーケストラできるよ！」

三月二十六日。第一回東北ユースオーケストラ演奏会《えんそうかい》、当日。

わたしは前日の深夜に帰宅《きたく》して、早朝、ひさびさに着たスーツで東京オペラシティコンサートホールへとむかった。千葉の合宿所から会場入りする団員《だんいん》をむかえいれるのだ。

団員《だんいん》たちは、はじめての大きな会場にきょろきょろしながら、寝不足《ねぶそく》と緊張《きんちょう》とあこがれがそれぞれの比率《ひりつ》で入りまじった顔をしながらやってきた。

リハーサルはチャイ五からはじまった。柳澤《やなぎさわ》さんは本番にピークをもっていくため、要所要所だけを最終確認《かくにん》していった。ゲストの山下洋輔《ようすけ》さん、吉永小百合《よしながさゆり》さん、そして司会の渡辺真理《わたなべまり》さんもくわわった。渡辺真理《わたなべまり》さんは、三回の「School Music Revival Live《スクールミュージックリバイバルライブ》」に続き、東北ユースオーケストラの演奏会《えんそうかい》でも、ボランティアで司会を引きうけてくれたのだ。

ゲストや司会とのリハーサルがおわるたびに、なんとそれぞれに、団員《だんいん》から感謝《かんしゃ》のよせ書きのプレゼントがわたされた。あの直前合宿の過密《かみつ》スケジュールのなか、夜中によせ書きを回していたのだ。

お客さんで会場がうまると、開演《かいえん》直前のカゲアナ隊《たい》がステージに出た。それに続いて、トランペット担当《たんとう》のユウトとサーレムによる二重奏《じゅうそう》で、エイジュン作曲のファンファーレが、ホールに響《ひび》きわたる。

舞台袖《ぶたいそで》には、この日のためにつくったＴＹＯオリジナルデザインの大判《おおばん》のハンカチーフを、ステージ衣装《いしょう》につけた団員《だんいん》たちが集まってきていた。ネクタイやスカーフのように首にまく子、たばねた髪《かみ》に結ぶ子、腰《こし》からたらす子。この自由さがＴＹＯだ。坂本監督《かんとく》や柳澤《やなぎさわ》さん、ゲストの山下さん、吉永《よしなが》さん、司会の渡辺《わたなべ》さんも、もちろんわれわれ事務局《じむきょく》のおとなたち裏方《うらかた》も、好きなところに身につけている。

舞台袖《ぶたいそで》で坂本監督《かんとく》とハイタッチして、団員《だんいん》たちは意気揚々《ようよう》とステージへ出ていった。

舞台袖《ぶたいそで》に残された身としては、

「みんな、音は外さないで。演奏《えんそう》が止まりませんように」

と祈《いの》る。祈《いの》るしかない。

そこから先は夢《ゆめ》のような時間だった。オープニングの「ラストエンペラー　テーマ」には思わず鼻歌が出そうになったこと。吉永小百合《よしながさゆり》さんがお客さんの前で、「第二回にも〝イヤだ〟といわれてもかけつけたい」と宣言《せんげん》してくれたこと。山下洋輔《ようすけ》さんのソロパートのアドリブがリハーサル以上に長く、さらにはげしかったこと。チャイ五をおえた柳澤《やなぎさわ》さんがガッツポーズで舞台袖《ぶたいそで》にもどってきたこと。アンコールの「ETUDE《エチュード》」でのお客さんの手拍子《てびょうし》に、やはりうるっときたこと。

終演《しゅうえん》後、団員《だんいん》から事務局《じむきょく》メンバーにもよせ書きがわたされた。

東北の子どもたちを支援《しえん》するためにはじめたオーケストラのはずなのに、実は自分がみんなから力をもらっていたのだと気づいた。

団員《だんいん》が地元に帰るバスを見おくって、気づくと、ひさびさに着たスーツが汗《あせ》だくのジャージみたいにぐっしょりぬれていた。

まさか自分がオーケストラをつくることになるとは思わなかった。

二〇一一年の三月十一日、東京の湾岸《わんがん》に立つ会社の高層《こうそう》ビルで地震《じしん》におそわれた。いままでに体験したことのない、はげしいゆれだった。災害《さいがい》の中心は遠くはなれた東北地方だった。自然の力を思い知った。それは、大地を動かし、海をうねらせる、とてつもなく大きな力だった。究極的には、人間は、自然に対して無力だ。

その五年後、一五〇〇人のお客さんからの鳴りやまない拍手《はくしゅ》を、一〇〇名をこえる仲間が立ったステージの影《かげ》でいっしょに受けていた。信じられないが、現実《げんじつ》だ。ここまでの道のりは、地震《じしん》とはまたことなる自然の力に、自分が動かされてきたような気がした。

そして、坂本監督《かんとく》をはじめ、さまざまな形でささえてくれた人たちがあってこそ、生まれたオーケストラ。とりわけ、福島と東京のたよりになる事務局《じむきょく》のメンバーといっしょに、ゼロからオーケストラをつくりあげたのだという思いにひたっていた。

世の中に「オーケストラのつくり方」という本はない。

それは、きっとオーケストラにかぎらない。人はなにかをつくるのではなく、無我夢《むがむ》中《ちゅう》で取り組んでいるうちに、いつのまにかそのなにかになってしまうのだ。

だから、二〇一六年三月二十六日、わたしは「東北ユースオーケストラ」になれたのだと思う。

ありがとう。みんな。

（上）「みやこじま青少年国《こく》際《さい》音楽祭」。東北ユースオーケストラのデビューとなる舞《ぶ》台《たい》だ。
（右）宮古島《みやこじま》の青い海を前にする団員《だんいん》たち。

団員《だんいん》へプレゼントされた、坂本監督《かんとく》のサイン入りの楽譜《がくふ》カバー。

東京オペラシティコンサートホールでの第一回演奏会《えんそうかい》は、大成功におわった。

下駄箱《げたばこ》のならぶ玄関《げんかん》ホールで合奏《がっそう》練習を行う団員《だんいん》と、坂本監督《かんとく》。

間《かん》奏《そう》曲《きょく》#2

三浦瑞穂《みうらみずほ》（宮城県気仙沼《けせんぬま》市出身、パーカッション担当《たんとう》）が体験した3・11と東北ユースオーケストラ

当時、わたしは小学三年生で九歳《さい》でした。

三月十一日の午後の二時四十六分は、ちょうど習字教室に行く直前でした。じいちゃんとばあちゃんと三人で家にいました。家族八人で暮《く》らしていたのですが、父と母、母の妹にあたる叔母《おば》は外に働きに出ていて、六歳《さい》の妹と四歳《さい》の弟は保育園《ほいくえん》に行っていました。

とつぜん、大きなゆれが来ました。いままで体験したことのない大きな地震《じしん》におどろきました。家の瓦《かわら》が落ちてくると危険《きけん》なので、家のなかにいたものの、いったんゆれがおさまってから、また強くゆれだしたので、これはあぶないと、三人で玄関《げんかん》の外に飛びだしました。

庭にいると、家のなかで食器が割《わ》れるすごい音が聞こえました。瓦《かわら》も落ちてきて、柱や

梁《はり》がぎしぎしと音を立てて、壁《かべ》にもひびが入り、「家がこわれる！」とさけんだのを覚えています。

じいちゃんがあわてて保育園《ほいくえん》に妹と弟をむかえに行き、残されたばあちゃんとわたしは、ゆれがおさまるのを車のなかでじっと待っていました。じいちゃんが妹と弟を連れて帰ってきて、ふたりの顔を見られたときは、ほんとうに安心しました。

じいちゃん、ばあちゃんは「これまでに津波《つなみ》が家まで来たことはなかったし、高いところにある家だから、避難《ひなん》しなくてもだいじょうぶだよ」といっていました。うちの近所のほかの人たちも家に帰ってきていることだし、「そうなのかな」と余震《よしん》に備《そな》える車のなかで思っていました。

じいちゃんたちが車を出て、近所の人たちと話をしていたときです。とつぜん、ばあちゃんがあわてて車にもどってきました。

「黒い壁《かべ》がせまってきているよ。逃《に》げるよ！」

わたしと妹と弟は、車から思いきりひっぱりだされました。

外に出ると、すぐ目の前の国道の両側から、茶色い泥水《どろみず》がざあーっと流れこんで、せまってきていました。速く走れないばあちゃんの背中《せなか》をきょうだい三人でおしながら、国道のむこうの高台まで走って逃《に》げました。

じいちゃんは？　とふりかえると、波がすぐそこにせまるなか、人を助けに行こうとしているのが見えました。

「あぶないから、そっちに行ったらダメだ」「波にさらわれるから、早く！」

と、口々に大声で呼《よ》びました。

なんとかみんなでたどりついた高台から、家の東側にあった家々の屋根が流されていくのが見えました。結果的に、わたしたちの家は浸水《しんすい》をまぬがれましたが、二軒《けん》となりの家から海側の家は、すべてが流されてしまいました。

市内で働いていた父が車でもどってきて、続いて母とも合流することができました。一時避難《ひなん》場所となっていた家の庭先に車をとめ、父が携帯《けいたい》電話のワンセグのテレビ放送で、なにが起きているのかとチェックをしました。携帯《けいたい》電話の小さい画面で、仙台《せんだい》空港に波がおしよせている映像《えいぞう》を目にしました。いくつもの飛行機が海にうかんでいます。最初、これは夢《ゆめ》だと思いました。実際《じっさい》にライブ中継《ちゅうけい》を見ているのに、とても信じられなかったのです。ただ、ほかの地域《ちいき》にも同じように津波《つなみ》が来ているんだということがわかり、だんだん、いま起きているこの現実《げんじつ》が理解《りかい》できてきました。あらためて、かみしめるようにショックを受けました。

そのあと、すぐ近くの中学校の体育館にうつりました。そこで、叔母《おば》も合流して、家族八人が無事そろうことができました。避難所《ひなんじょ》となった体育館は、ぎゅうぎゅうづめで身動きが取れないほどでした。強い余震《よしん》が続くなか、食べ物の備《そな》えはほとんどなく、その日はひとり一枚《まい》のビスケットが配られただけでした。

同級生や友人のなかには、家を流された人が何人もいました。毎日のように、悲しい光景や気の毒《どく》な話を耳にするのがつらかったです。親友の家族も犠牲《ぎせい》になってしまいました。

「そんなことあるわけないじゃん、もう会えないなんて」

わたしは、まったく受けいれることができませんでした。

避難所《ひなんじょ》生活のなかでは、気持ちの整理がつくまでに時間がかかりました。これは、夢《ゆめ》なんじゃないかな。これが夢《ゆめ》であってほしい。そう願いつづけていました。わたしたちが通った保育園《ほいくえん》は津波《つなみ》でなくなってしまっていました。妹の同級生がふたり、亡《な》くなったという知らせも聞きました。遺体《いたい》安置所で家族を確認《かくにん》して避難所《ひなんじょ》に帰ってくる友だちに会ったりしているうちに、これはほんとうに起こっていることなんだな、と思えるようになりました。

一週間後に一度自宅《じたく》にもどりましたが、まだまだ続いている余震《よしん》がこわくて、父と母とわたしたちきょうだいは、気仙沼市《けせんぬまし》の山側にある父の実家に避難《ひなん》して、亡《な》くなった人の話を聞く毎日から落ちつくことができました。

そして電気が復旧《ふっきゅう》した一か月後、やっと祖父母《そふぼ》の待つ自宅《じたく》にもどりました。それからちょっとずつ、この事態《じたい》への理解《りかい》が進んだものの、正面から受けとめたくないという気持ちでいっぱいでした。学校が再開《さいかい》して、毎日がバタバタしているうちは、できるだけその日のことだけに集中するようにしていました。あまり積極的に地震《じしん》のことは考えようとは思いませんでした。考えたくなかったんです。同級生とも地震《じしん》のことは話したくありませんでした。みんなそれぞれ別の体験をしているからこそ、話せなかったんです。

ばあちゃんは、むしろ地震《じしん》のことを話して気持ちを発散していました。おとなは会話で発散できるんです。話すことで気持ちの整理をつけて、つらいことをおとな同士《どうし》で分かちあっているようでした。

でも、子どもにとって震災《しんさい》の話題はタブーでした。おたがいの話にふれないよう、みんな気をつかっていました。家族を失った同級生は震災《しんさい》を機に笑わなくなったし、表情《ひょうじょう》がなくなりました。ときどき、「家族が無事でよかったね。家の被害《ひがい》が少なくてよかったね」

と嫌味《いやみ》をいわれても、最初はいやだったけれど、もう聞かなかったことにしていました。「もう知らない」と自分の気持ちにふたをしていました。ふりかえると、高校に入るまで、震災《しんさい》から六年後くらいまで、自分の心に余裕《よゆう》がなかったんだと思います。人に話せるほど、心の整理がついていなかったんです。わたしよりひどい目にあった人がいて、家族を亡《な》くした人もいる。うちは家族が生き残った。家もある。だから「自分はちがう」と思っていました。自分から「あのときはこういうことがつらくて」と家族にもいわないようにしていたんです。

中学三年生のときに、二期生として東北ユースオーケストラに入って、人前ではじめて自分の体験を話すことができました。

二日連続で福島県の伊達《だて》市で練習したとき、福島事務局《じむきょく》の大塚真理《おおつかまり》さんのお宅《たく》に、何人かの団員《だんいん》で泊《と》めていただいたんです。晩《ばん》ごはんをごちそうになったあと、大塚《おおつか》さんから「たいへんだったんでしょ、気仙沼《けせんぬま》は?」と聞かれて、おそるおそる、当時のことを思いだしながら話しました。すると自分の手足がガタガタふるえだして、もう止められないくらいふるえて、そのときに「自分もつらかったんだな」とはじめてわかりました。それまで、「自分は家族も元気だし、家もあるし、そんなたいしたことはないだろう」と思っていたんです。でも、みんなから食いいるように見つめられながら話を聞いてもらって、そのとき、「自分の体験をみとめられた、自分の気持ちを見つけた」と感じられました。こわかったと思っていたことに気づけたんです。

そのとき、「これからは話そう」と思いました。

わたしは、叔母《おば》が自宅《じたく》でピアノ教室をして教えていたこともあって、ピアノを三歳《さい》から続けています。叔母《おば》には仙台《せんだい》で行われたクラシックのコンサートに連れていってもらったり、音楽の影響《えいきょう》を受けていますね。

中学生になって吹奏楽部《すいそうがく》に入ってパーカッション担当《たんとう》になり、ドラムやティンパニ、シロフォン、ビブラフォン、グロッケン、タンバリンからシェイカーの小物楽器まで、ひととおりの打楽器をやっていました。

パーカッションの好きなところは、同じステージ上のみんなの楽しそうな顔や演奏《えんそう》している様子が見えるところです。ステージ上のいちばん高い位置に立っているので、演奏《えんそう》がおわると、客席からの大きな拍手《はくしゅ》を真正面から受けることができます。自分たちの努力をみとめられたと実感できます。音楽ってこんなに楽しいんだよ。このことをほかの人にもお返ししたいと思いました。だから、最初に出演《しゅつえん》した三月の演奏会《えんそうかい》のあと、将来《しょうらい》は音楽の仕事につきたいと強く思うようになりました。学校で音楽を教える先生がいいかなと思って、高校一年生のときに叔母《おば》に打ちあけてからは、ずっとそう思っています。

東北ユースオーケストラのレパートリーに「Three TOHOKU Songs《スリー トーホク ソングス》」というオリジナル曲があります。東北三県のそれぞれの代表的な民謡《みんよう》、宮城県の「大漁唄い込《たいりょううたいこ》み」、岩手県の「南部《なんぶ》よしゃれ」、福島県の「相馬盆唄《そうまぼんうた》」をメドレーにした、ロンドンを拠点《きょてん》に世界で活躍《かつやく》されている現代《げんだい》音楽の作曲家・藤倉大《ふじくらだい》さん編曲《へんきょく》の作品です。この曲では、めずらしく打楽器に拍子木《ひょうしぎ》が使われています。パーカッションには数名団員《だんいん》がいるのに、なぜか毎回、拍子木《ひょうしぎ》はわたしの担当《たんとう》としてまわってきます。拍子木《ひょうしぎ》は、とても緊張《きんちょう》するけれど、やりがいのある役割《やくわり》です。みんなの音を切りさいて飛んでいく感じがすごく好きなんですよ。

東北ユースオーケストラで持っている拍子木《ひょうしぎ》は、実は鳴りにくいんです。ちょっとやわらかくて、いい音が出にくいんです。でも、それならやわらかいなりの打ち方をすればいいんだなと気づきました。「鳴らしてあげないともったいないからな、ポテンシャルがあるのに。できれば、この楽器でなんとかしてみたい」と。拍子木《ひょうしぎ》の木の気持ちになります。まるで楽器と対話しているみたいです。

楽器も人間っぽいところがあります。同じ型番《かたばん》の楽器でも音がちがいます。この拍子《ひょうし》木《ぎ》には特徴《とくちょう》的に鳴るポイントがあって、そこにみごとにぶつけ当てられたときには達成感があります。わたしにとって、拍子木《ひょうしぎ》は相棒《あいぼう》です。音の飛び方が悪いときは、拍子木《ひょうしぎ》と仲たがいしているときです。

だから、パーカッション担当《たんとう》の先輩《せんぱい》で、いまはプロのマリンバ奏者《そうしゃ》として活動している野木青依《のぎあおい》さんから、

「東北ユースオーケストラでのいちばんの音の思い出は、郡山公演《こおりやまこうえん》での『Three《スリー》 TOHOKU《トーホク》 Songs《ソングス》』で瑞穂《みずほ》ちゃんが鳴らした拍子木《ひょうしぎ》の音。あの覚悟《かくご》のつまった音がわすれられない。舞台《ぶたい》でぶるっとふるえた」

といってもらえたときは、すごくうれしかったです。

音のちがいには敏感《びんかん》なはずなのに、ふしぎと3・11のときの津波《つなみ》の音はまったく覚えていません。家の食器が割《わ》れる音や、家全体がきしんでいる音はあざやかに覚えています。

でも津波《つなみ》は、記憶《きおく》の映像《えいぞう》に音声がついていないのです。逃《に》げていた人の声、走っていた音はついているのに。しばらく思いだそうとしない時期があったから、わすれようと思って、知らないうちに、記憶《きおく》から津波《つなみ》の音を消してしまったようです。

海といえば、三期の夏合宿で行った沖縄県の石垣島《いしがきじま》の海は、強く印象《いんしょう》に残っています。震災《しんさい》前の海には、家族の楽しい思い出がたくさんありました。夏に家族で海水浴に行って、海からあがって、砂浜《すなはま》でふざけあって砂《すな》まみれになって、みんな不機嫌《ふきげん》になって家に帰って、庭の水道水で砂《すな》を落としてお風呂《ふろ》に入ったのも、いまとなってはいい思い出です。春にみんなで潮干狩《しおひが》りをして、あさりをたくさん採《と》って、家族でいっぱい食べたのもなつかしい思い出です。

ふだんから気仙沼《けせんぬま》の海は荒《あ》れているイメージがありました。荒《あ》れくるっている海でも船を出して仕事に行く、海で働く男の人たちのはげしさとか、仕事のたいへんさとかをついつい想像《そうぞう》します。海は漁業の場所なんです。その海にはしばらく入れませんでした。もちろん津波被害《つなみひがい》があって入れる場所も少なかったのですが、そもそも近づきませんでした。石垣島《いしがきじま》がひさびさの海でした。海の色がまったくちがい、おだやかで、純粋《じゅんすい》にきれいだと思えました。これは観光地の海だと感じました。ずっと何年もふれてこなかったので、こんなおだやかな海もあったな、海には悪い面だけじゃなかったよな、こういうきれいな海もあったよな、と思いだすきっかけになった。またその年の定期演奏会《えんそうかい》での演目《えんもく》がドビュッシーの「海」だったので、なおさらその思いが強かったのかもしれません。

気仙沼《けせんぬま》の海も今年（二〇二〇年）の夏からようやくオープンする予定でしたが、新型《しんがた》コロナウイルスの感染拡大防止《かんせんかくだいぼうし》のために中止となりました。ひさしぶりに地元の海をちらっとでも見に行きたいなと思っていたので残念です。


わたしの生まれるまえに起こった関東大震災《しんさい》のことは、教科書のなかだけの話と思っていました。しかし、東日本大震災《しんさい》で、気仙沼《けせんぬま》市では地区によっては全世帯が被災《ひさい》し、まるごとなくなってしまった地区があります。こんなことがほんとうにあるんだなと実感しました。妹の同級生の家では、中学生のお姉ちゃんがひとりだけ生き残りました。わたしの知り合いもいっぱい亡《な》くなりました。

あの日、もし習字教室に早く行っていたら、いま生きていないかもしれません。妹や弟、じいちゃんもあぶないところでした。そのことをよく思います。自分よりつらい人がたくさんいる。わたしたちは、まだよかった。だから、自分だけのために生きているのではないと思うようになりました。この先がまだまだある子も亡《な》くなってしまった。わたしは、生かされたなりのことをしなくちゃいけないと。

東北ユースオーケストラで、震災《しんさい》を体験した自分たちも元気にしていることを、音楽をつうじて発信していきたいです。そして、将来《しょうらい》は音楽の先生になって、音楽のすばらしさを子どもたちに伝えられるようになりたいです。

第三楽章

なんのために演奏《えんそう》するのだろう？

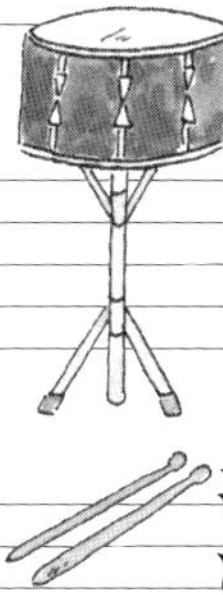

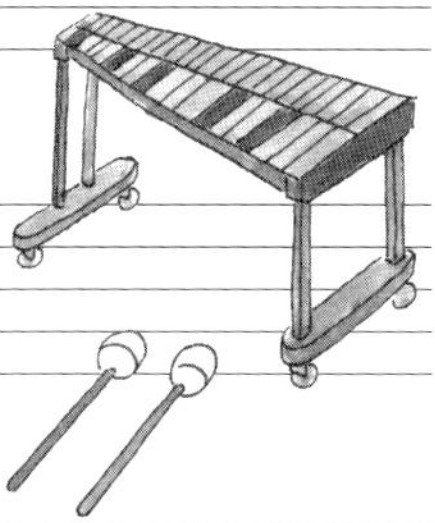

有志演奏会《ゆうしえんそうかい》とは

東北ユースオーケストラの活動は、毎年震災《しんさい》のあった三月下旬に行う定期演奏会《えんそうかい》を軸《じく》に組み立てられている。学校と同じように、四月から翌年《よくとし》の三月までの一年度が一期となる。二〇一九年度は、第五期にあたる。

五月に定期演奏会《えんそうかい》のメインのプログラムを決め、毎月の合同練習会をスタートさせる。月に一回、福島市に集まって行う合同練習会では、指揮者《しきしゃ》の柳澤寿男《やなぎさわとしお》さんの指導《しどう》による合奏《がっそう》練習が中心。ときに、東京フィルハーモニー交響楽団《こうきょうがくだん》のプロ奏者《そうしゃ》によるセクション練習（弦《げん》楽器、木管楽器、金管楽器、打楽器に分かれる）にかわることもある。八月は三泊《ぱく》四日の夏合宿を行い、集中的に音楽に取り組むと同時に、団員同士《だんいんどうし》の親睦《しんぼく》を深める。演《えん》奏会《そうかい》が近づく一月、二月は一泊《ぱく》二日の合同練習会があり、さらに本番直前の三日間の合宿を行い、そのまま演奏会《えんそうかい》の初日をむかえる。

期を重ねるにつれ、定期演奏会《えんそうかい》以外に依頼《いらい》を受けて演奏《えんそう》する機会もふえてきた。

東京駅でのＪＲ東日本発足《ほっそく》三十周年記念コンサート「エキコン」への出演《しゅつえん》や、宮城県の311の追悼《ついとう》式典である「みやぎ鎮魂《ちんこん》の日」イベント、テレビ朝日『題名のない音楽会』へのゲスト出演《しゅつえん》などである。また坂本監督《かんとく》の公演《こうえん》に少人数の弦楽《げんがく》カルテットでゲスト参加する、「三陸防災復興《さんりくぼうさいふっこう》プロジェクト2019　クロージングセレモニー」での演奏《えんそう》もあった。

このようなケースでは、事務局《じむきょく》が企画《きかく》・準備《じゅんび》・実施《じっし》を管理する。

この依頼演奏《いらいえんそう》ともうひとつ、大きな柱となる活動に「有志演奏会《ゆうしえんそうかい》」というものがある。有志演奏会《ゆうしえんそうかい》は、団員《だんいん》が自主的に企画《きかく》をし、計画を立て、必要な資金《しきん》を集めて実施《じっし》する演《えん》奏会《そうかい》だ。事務局《じむきょく》は団員《だんいん》から相談を受け、進行の情報《じょうほう》共有を受けるが、あくまでも団員《だんいん》の独立《どくりつ》した活動となっている。

東北ユースオーケストラの一期目である二〇一五年度末にはじまったこの活動には、団《だん》員主導《いんしゅどう》の活動だからこそ、ときとして「復興《ふっこう》」をせおう団員《だんいん》たちの思いが、ぶつかることがある。

ユウトの迷《まよ》い

はじまりは、二〇一六年三月、はじめての定期演奏会《えんそうかい》を目前にひかえたトランペット担《たん》当《とう》、ユウトの迷《まよ》いからだった。

二〇一五年の年末から、番組取材のため東北ユースオーケストラに密着《みっちゃく》していたNHKの番組ディレクターが、ユウトにこう投げかけたのがきっかけだ。

「東北ユースオーケストラは、なんのために東京のりっぱなコンサートホールで演奏《えんそう》するんだと思う？」

ユウト自身は、311のとき、仙台《せんだい》の実家で被災《ひさい》した。いままでに経験《けいけん》をしたことのない大きな地震《じしん》だった。しかし、自宅《じたく》の被害《ひがい》は、庭の灯籠《とうろう》がくずれ、食器が割《わ》れ、しばらく電気と水道が止まった程度《ていど》だった。電気がもどったあとにテレビで見た大きな津波被害《つなみひがい》とは、比《くら》べものにならない。

岩手県、宮城県、福島県は「被災三県《ひさいさんけん》」とひとくくりにされている。しかし、津波《つなみ》におそわれた沿岸部《えんがんぶ》と内陸部では、被害《ひがい》の大きさはまったくことなる。むしろ被災三《ひさいさん》県の内陸部よりも、液状化《えきじょうか》が生じ、自宅《じたく》に住めなくなった千葉県の一部地域《ちいき》のほうが被害《ひがい》は大きかったともいえる。

だからユウトには、「内陸部出身者が多い自分たち東北ユースオーケストラが、被災地《ひさいち》を代表して、『東北』の名をせおって演奏《えんそう》していいものか」というわだかまりがあった。

すると、番組ディレクターから「大きな津波被害《つなみひがい》にあった場所をおとずれ、現地《げんち》で支援《しえん》活動をしている人に話を聞いてみては」と提案《ていあん》された。そこで、仮設住宅《かせつじゅうたく》、復興住宅《ふっこうじゅうたく》に住んでいる人たちに会いに行くことになった。

二月二十日、二十一日、訪問《ほうもん》した先は、宮城県石巻市《いしのまきし》。ユウトにとって、二〇一一年四月十二日に父の車に乗せられ、避難所《ひなんじょ》の叔父叔母《おじおば》に会って以来、ひさしぶりの訪問《ほうもん》だった。

その二日間、つぎつぎと直面する被災地《ひさいち》の現状《げんじょう》に、ユウトはただただ言葉を失いっぱなしだった。しかし、石巻《いしのまき》で出会った津波被災者《つなみひさいしゃ》や、復興支援《ふっこうしえん》にたずさわる人々との交流のなかで、ユウトはこんな言葉をもらったのだ。

「地震《じしん》や津波《つなみ》の被害《ひがい》は千差万別で、一人ひとり比《くら》べることなど到底《とうてい》できない。そもそも、大きな被害《ひがい》を受けた人に成りかわることはできない。元気のある人が元気のない人により そうことが大切で、それがほんとうの支援《しえん》になる。傷《きず》ついていない人こそ、傷《きず》ついている人を前に進める力がある。支援《しえん》する気持ちがあるなら、大きなことを考える必要はまったくない」

これを聞いて、ユウトは、自分が「被災者《ひさいしゃ》」を名乗ることをためらい、「復興《ふっこう》」に対して気負いすぎていたことに気づいた。

自分たちができることからやればよい。震災《しんさい》のことを伝え、つぎの世代につないでいくことも、自分たち若《わか》い世代ができることなんだ。

その一週間後、二月二十七日（土）、東京オペラシティコンサートホールでの本番前の最後の合同練習会。石巻《いしのまき》で後押《お》しを得《え》たユウトは、練習のまえに一枚《まい》のレポートをみんなに配って話をした。テレビの取材をかねて、ミムや仲間とはじめて行った石巻《いしのまき》のこと。現地《げんち》の人々に話を聞いたこと。

「ぼくはそこで、確信《かくしん》がもてた。東北の一員として、堂々《どうどう》と第一回の演奏会《えんそうかい》にのぞみたい。そのために、東京での大きな演奏会《えんそうかい》のまえに、被害《ひがい》の大きかった場所に自分たちが出むいて演奏《えんそう》する、小さな有志演奏会《ゆうしえんそうかい》をやってみませんか？」

団員《だんいん》全員にむけての力強いメッセージだった。同じ地域《ちいき》で同じ311を体験した人として、被害《ひがい》の大きい小さいにとらわれることなく、いまだ被害《ひがい》の爪《つめ》あとが残る人たちへ思いをよせ、自分たちができる音楽の演奏《えんそう》をつうじて、なんらかの力になれればいい。そのために、このことに共感してくれる有志《ゆうし》のメンバーで、先月おとずれて話をうかがった人たち、いまも311以前の生活にもどれていない人たちだけのために演奏《えんそう》をしたい。

練習の昼休み、ユウトは現地《げんち》で撮影《さつえい》した映像《えいぞう》を見せて、有志演奏会《ゆうしえんそうかい》への参加メンバーをつのった。

三月十三日（日）、むかった先は、石巻《いしのまき》の仮設住宅地《かせつじゅうたくち》である、万石浦団地《まんごくうらだんち》の集会所。二十畳《じょう》くらいの広さの畳《たたみ》の部屋がこの日のコンサート会場だ。たぶん本番の東京オペラシティコンサートホールのステージの半分にもとどかない広さだろう。

集会場の掲示板《けいじばん》には、団員《だんいん》手作りのミニコンサートを知らせるビラがはりだされていた。

「東北ユースオーケストラは、岩手県・宮城県・福島県で被災《ひさい》した小・中・高校生、大学生を中心とした楽団《がくだん》です。

わたしたちは三月二十六日に東京オペラシティコンサートホールにて、世界にむけてはじめての演奏会《えんそうかい》を行います。こちらの仮設住宅《かせつじゅうたく》のみなさんに教えていただいた『よりそう』気持ちと、石巻《いしのまき》のみなさんへの感謝《かんしゃ》の気持ちをこめて演奏《えんそう》いたします。

津波《つなみ》を知らないわたしたちが、被災地《ひさいち》の思いを世界に発信するために石巻《いしのまき》をたずねました。事前の取材ではじめて会ったわたしたちに、つらい経験《けいけん》やいまの思いを話していただきました。ありがとうございました。わたしたちは音楽をとおしてひとつになりたいと思い、感謝《かんしゃ》をこめて演奏会《えんそうかい》をひらかせていただきます」

集会所のなかには、これまで慰問《いもん》に来た有名人の写真やサイン色紙やよせ書き、演歌《えんか》歌手のポスターの数々がはってあり、千羽鶴《せんばづる》が何束もつり下げられていた。しかし、最近はこのような慰問《いもん》の演奏会《えんそうかい》もめっきりへったそうだ。

今回参加した東北ユースオーケストラの有志《ゆうし》メンバーは、仙台《せんだい》市の内陸部、福島市、郡山《こおりやま》市など被災《ひさい》三県でも津波被害《つなみひがい》のなかった地域《ちいき》出身の中学生、高校生、大学生の十一名。ヴァイオリン、ヴィオラ、チェロ、ホルン、トランペットという編成《へんせい》である。二週間前の呼《よ》びかけにもかかわらず、ユウトと同じ想い、迷《まよ》いをいだいていた団員《だんいん》の共感を生み、まさに志《こころざし》をともにする仲間が集まった。

一方、住民のみなさんは中高年の男女を中心とした約四十名。畳《たたみ》に座布団《ざぶとん》をしきつめ、足の悪い人のためのパイプいすもならべて、即席《そくせき》の客席ができた。

有志団員《ゆうしだんいん》は、赤、青、黄、ピンクやオレンジなどの単色のTシャツをバラバラに着て、それぞれねこ耳かうさぎ耳をつけ、場を明るくなごませようというメンバー自身が考えた演出《えんしゅつ》で登場した。

開演《かいえん》に先立ち、ユウトは、今回のミニコンサートにいたった経緯《けいい》や思いを語った。

オープニングの「あまちゃん　オープニングテーマ」にはじまり、お客さんの年齢層《ねんれいそう》を考えて選んだ曲目「上を向いて歩こう」「ふるさと」「まつり」を演奏《えんそう》した。いちばんもりあがったのが、第二次世界大戦後の流行歌「リンゴの唄《うた》」だったので、メンバーの読みはみごとに当たったといえるだろう。二週間後にひかえる東京オペラシティコンサートホールでの晴れ舞台《ぶたい》、第一回演奏会《えんそうかい》の演目《えんもく》から、坂本龍一《りゅういち》監督《かんとく》が作曲した映画《えいが》『母と暮《くら》せば』（吉永小百合《よしながさゆり》さん主演《しゅえん》）の音楽「母と暮《くら》せば　タイトル」も静かに奏《かな》でられた。「君といつまでも」で、曲に合わせてホルンの男子大学生が客席にすわるおばあちゃんに花をプレゼントする、芝居《しばい》がかった演出《えんしゅつ》もあった。

そして、アンコールは、「見上げてごらん夜の星を」「三百六十五歩のマーチ」、最後にまた「あまちゃん　オープニングテーマ」でミニコンサートは終演《しゅうえん》。大きな拍手《はくしゅ》とともに「楽しかった」「長生きしないと」と口々にいってもらえた。

演奏《えんそう》後は高齢《こうれい》の住民十数名に残っていただき、お茶とお菓子《かし》をかこむ、地元では「お茶っこ」と呼《よ》ばれるスタイルで懇親会《こんしんかい》をした。はたから見ると、おじいちゃん、おばあちゃんと孫の組みあわせのようだ。

あちらこちらで、おじいちゃんおばあちゃんが演奏《えんそう》中に団員《だんいん》がつけていた動物耳をつけはじめて、なごやかな雰囲気《ふんいき》のもと、津波《つなみ》の体験や仮設住宅暮《かせつじゅうたくぐ》らしの話をしてくれた。団員《だんいん》たちは「本番がんばってね」と声をかけられ、慰問《いもん》に来たつもりが、反対にはげましの言葉をもらっていた。

この日、参加したヴァイオリン担当《たんとう》のアカネは、なにもかも新鮮《しんせん》な体験だったとふりかえる。実際《じっさい》に被災《ひさい》した場所を見て、被災《ひさい》して困難《こんなん》な生活を続けている人と話をして、感じたことから得《え》るものが大きかった。演奏技術《えんそうぎじゅつ》だけでない、弾《ひ》き手《て》と聞き手が気持ちを通いあわせることの大切さを感じとったという。

このときにはすっかりアカネとなかよしになっていたミムは、仮設団地《かせつだんち》のおばあちゃんから「来てくれてありがとう」といってもらえたのがとてもうれしかったという。そして、「音楽で、人と人がつながれるんだ」と思ったそうだ。言葉は直に意味を伝えてしまうものだから、面倒《めんどう》くさいところがある。でも、音楽なら楽器で表現《ひょうげん》できる。わたしたちには楽器がある、と。

有志《ゆうし》メンバーがおどろいたことに、仙台市《せんだい》の北に住む小学五年生のトロンボーン担当《たんとう》のマオも、お父さんの車に乗せてもらって、応援《おうえん》に来てくれた。宮城県を本拠地《ほんきょち》とする東北楽天ゴールデンイーグルスのキャップをかぶったマオは、やってくるなり、今回のミニコンサートのリーダー、ユウトにお菓子《かし》の入った白い紙袋《ぶくろ》をすっとさしだし、ひと言。

「はい、これ、おしいれ（押《お》し入《い》れ）！」

一同ぽかーんとしたあと、大爆笑《ばくしょう》。気づいたマオは「あ、まちがえた！　さしいれ（差《さ》し入《い》れ）！」。

照れ笑いするマオを中心に、その場にあたたかな雰囲気《ふんいき》が広がった。

震災《しんさい》から五年の年月がたち、あらためて時間の経過《けいか》により求められることが変わってきているとわたしは感じていた。「被災地《ひさいち》」とひとくくりにも語りにくくなっていて、地域《ちいき》ごとの、さらにいうと、一人ひとりの個別《こべつ》の事情《じじょう》におうじた適切《てきせつ》な支援《しえん》とはなにかが、ますます問われているともいえる。

団員《だんいん》たちがかかえていた、自分たちが「被災地《ひさいち》を代表」していいのかというためらいに対して、わたしは、被害《ひがい》の規模《きぼ》によって「被災地《ひさいち》を代表」できる資格《しかく》や責任《せきにん》が生じるわけではないと思っている。

このミニコンサートでも、震災《しんさい》から五年たっても、孤独《こどく》な想いをかかえ、つらい日常《にちじょう》を送っている人たちがいることを知り、思いをよせることができれば、それだけでもいいのではないか、と思った。もちろん団員《だんいん》のなかにもそのような悩《なや》みをかかえている子もいる。同じ音楽仲間として、その子たちといっしょに演奏《えんそう》することができるならば、それでいいのではないか。

そんなことを考えると、音によって他者と時間を共有できる音楽とは、いいものだなあと感じる。言葉でなにかを伝えなくても、「楽しかった」といってもらえたら、きっとなにかを伝えることができたということだ。

もちろん言葉は、意味や意思をつうじあわせる便利な方法ではある。しかし、ときに誤《ご》解《かい》や無理解《むりかい》を生みだす。よけいな意味をまといがちだ。

音楽は演奏《えんそう》をつうじて、なにかに気づいてもらったり、なにかを思いだしたり、なんらかの感情《かんじょう》をともにすることができる。「被災地《ひさいち》をわすれないで」というメッセージはぬきにして、団員《だんいん》には自信をもって自分たちのせいいっぱいの演奏《えんそう》を、どこかにいるだれかを想いながらしてもらえれば、それでいいと思えた。

出会ってたった二時間ばかりであっても、有志《ゆうし》メンバーを乗せたバスが見えなくなるまで見おくってくれたみなさんに、逆《ぎゃく》に団員《だんいん》は勇気をもらえた。

石巻《いしのまき》からの帰り、仙台《せんだい》にむかうバスから見えるところどころ平らにひらけた土地をながめながら、わたしは、震災《しんさい》で失われた人、失われたもの、失われたことを感じた。しかし、震災《しんさい》をきっかけに生まれたもののもあるだろう。東北ユースオーケストラはそのひとつだ。たとえば東北楽天ゴールデンイーグルスのように、いつか東北の人たちが自慢《じまん》できるジュニアオーケストラになれたらと思う。東北ユースオーケストラがもたらす「楽しかった」が、あちらこちらに、世界へと広がっていければと思った。被災地《ひさいち》代表と大げさにかまえず、謙虚《けんきょ》に「音楽で人と人がつながる」ことをたしかめながら東北ユースオーケストラを続けていけばいいのかな、と。

この石巻《いしのまき》での有志《ゆうし》演奏会《えんそうかい》の取り組みは、第一回演奏会《えんそうかい》の本番直前合宿の最終日、坂本監督《かんとく》にも報告《ほうこく》された。

「とてもいい経験《けいけん》をしましたね。この活動は、来期もぜひ続けてください」

坂本監督《かんとく》は大学生を中心とした自主的な動きに、東北ユースオーケストラのあるべき姿《すがた》を感じとったのだろう。ユウトは、大きな自信を得《え》ることができた。

すれちがう思い

第二期の第二回定期演奏会《えんそうかい》は、ふたたび東京オペラシティコンサートホールでの開催《かいさい》が決まった。さらに、団員《だんいん》の地元である福島県郡山市《こおりやま》の郡山市《こおりやま》民文化センターもくわわり、二か所での公演《こうえん》が実現《じつげん》した。地元でのPRをかねた、有志演奏会《ゆうしえんそうかい》をしようと、第二期のキャプテンとなったアカネが声をかけたのは、ユウタだった。ユウトと同級生で、福島県いわき市出身のチューバ担当《たんとう》だ。アカネが第二期のはじめに、団員《だんいん》全員に有志演奏会《ゆうしえんそうかい》について、実施《じっし》できる場所やつてについてのアンケートをとったときに、ユウトと同じくらいたくさんの情報《じょうほう》を教えてくれたのがユウタだったからだ。

3 1 1のとき、ユウタは福島県いわき市の中学二年生だった。この日は卒業式に参加した早帰りの日で、家でひとりテレビを見ていた。とつぜんの大きなゆれに、食器棚《だな》から食器が割《わ》れる音がして、「あ、まずいな」とゆれる食器棚《だな》を必死でおさえた。電気と水道は止まった。お父さんとお母さんは学校の先生で、すぐには連絡《れんらく》がとれなかった。不安がおそい、ラジオをつけると津波《つなみ》が来ていることを知った。

ユウタの家は海から三キロと距離《きょり》はあったが、近所の人は川が逆流《ぎゃくりゅう》しているのを見たらしい。津波《つなみ》が川をさかのぼっていたのだ。

地震《じしん》のはげしいゆれのせいで、かたむいたままのユウタの自宅《じたく》は「大規模半壊《きぼはんかい》」と判定《はんてい》された。家のなかのドアもしまらなくなっていた。しかし、当時、ユウタは吹奏楽部《すいそうがく》でチューバに熱中し、連日練習に打ちこんでいたあまり、しまらなくなったドアがいつ直ったかも覚えていないという。まわりに津波被害者《つなみひがいしゃ》もいたユウタにとっては、「内陸部」の団員《だんいん》とはちがい、津波被害《つなみひがい》を受けた「沿岸部《えんがんぶ》」をよく知る団員《だんいん》という自負があった。

二〇一七年二月四日（土）。いわき市の中心地にある商業施設《しせつ》ラトブが有志演奏《ゆうしえんそう》会場となった。今回の演奏会《えんそうかい》は、ユウトではなく、地元のユウタがリーダーとなり、企画《きかく》して全体をまとめあげた。

キャプテンのアカネ、ユウト、マオ、ダンディをふくめて、十三名の有志演奏《ゆうしえんそう》となった。ダンディは一年の浪人《ろうにん》生活をへて、第二期からやっとの思いで入団《にゅうだん》してきた。「東北ユースオーケストラの第一期の募集《ぼしゅう》をホームページで見たときは浪人《ろうにん》中でした。東北ユースオーケストラに参加するために大学に合格《ごうかく》するぞ、とはげみになりました」と熱い思いを胸《むね》に団員《だんいん》になってくれたのだった。

休日の商業施設《しせつ》のエントランスでの演奏《えんそう》はめだつので、歩行中の人も足を止めて聞いてもらえるよう、だれもが聞いたことがあるアニメやゲーム、童謡《どうよう》などのメドレーを演奏《えんそう》した。実際《じっさい》ユウタの読みどおり、足を止めてスマホのカメラをむけてくる人たちなど、一〇〇人くらいの人に聞いてもらうことができた。

午後は屋内での演奏《えんそう》となり、ショッピングのためにおとずれた人たちがひと息つくために、すわって聞いてもらえるよう曲を選んだ。いわき市の泉玉露応急仮設住宅《いずみたまつゆおうきゅうかせつじゅうたく》の住人も来てくれるとの事前情報《じょうほう》もあり、昨年《さくねん》の石巻《いしのまき》で最もうけた「リンゴの唄《うた》」にはじまり、しっとりとした歌謡《かよう》曲や、坂本監督《かんとく》の「八重《やえ》の桜《さくら》　メインテーマ」、タイムリーに「バレンタイン・キッス」など。ユウタはここでは司会にまわったのだが、最初から最後まで腰《こし》低く、何度も頭を下げた。そのほほえましい言動が、観客の笑いをさそった。

結果、午後の演奏《えんそう》も一〇〇人以上のお客さんから、大きな拍手《はくしゅ》をもらうことができた。商業施設《しせつ》の担当者《たんとうしゃ》にもよろこんでもらえた。ユウタをはじめとする地元の団員《だんいん》にとっては、地域《ちいき》のシンボルのようなショッピングモールでの演奏《えんそう》はうれしかったし、来月に開催《かいさい》される郡山《こおりやま》市での定期演奏会《えんそうかい》の告知《こくち》にもなった。

ユウタは自分の考える有志《ゆうし》活動について、被災地《ひさいち》の人たちに笑顔になってもらうこと、より多くの人に東北ユースオーケストラを知ってもらうことを目的と考えていた。その意味で、街でいちばんの商業施設《しせつ》というひらかれた場所は、ユウタのめざす有志《ゆうし》活動にあっていた。

しかし、今回はひとりのトランペット奏者《そうしゃ》として参加したユウトにしてみると、「東北ユースオーケストラの有志演奏会《ゆうしえんそうかい》って、こういうことでよかったのだっけ」と違和感《いわかん》が残った。被災《ひさい》した人によりそってもいないし、交流もしていない。通りすがりのたくさんの人の耳にはとどいたかもしれないけど、心にとどいたのか。近隣《きんりん》の仮設住宅《かせつじゅうたく》の人たちに来てもらうのではなく、自分たちが行くべきだろう。

ユウタとユウトの思いがすれちがいはじめていた。

二〇一七年三月十一日、石巻《いしのまき》。

震災《しんさい》からちょうど六年目となるこの大切な節目の日。ユウトが前年からつながりをもっていた石巻《いしのまき》の支援団体《しえんだんたい》の計らいで、「追悼《ついとう》と防災《ぼうさい》の集い」という復興住宅《ふっこうじゅうたく》のイベントに、有志団員《ゆうしだんいん》十八名が、ボランティアという形で現地《げんち》におもむくことができた。

まずは午前十時ごろ、市内と海が見わたせる日和山《ひよりやま》公園の頂上《ちょうじょう》へ。ユウトをはじめとする金管楽器メンバーで献奏《けんそう》を行った。選んだ曲は坂本龍一監督《りゅういちかんとく》の「litany《リタニ》」。キリスト教の祈《いの》りの形式のひとつを表すこの曲は、いかにもキリスト教徒であるユウトらしい選曲だ。スコアは自らアレンジをし、坂本監督《かんとく》にもチェックをもらっていた。海を見つめる生者と死者の対話が連想される、しめやかな演奏《えんそう》だ。

そして、完成したばかりの湊町復興住宅《みなとちょうふっこうじゅうたく》へ場所をうつし、そこにうつり住む被災者《ひさいしゃ》、周辺住民とともに復興住宅《ふっこうじゅうたく》の視察《しさつ》をした。住民同士《どうし》が交流し、防災《ぼうさい》を意識《いしき》づけるワークショップである。

最初に各棟《とう》の屋上にある一時避難所《ひなんじょ》へ。住民のなかには、これまで離《はな》ればなれの仮設《かせつ》住宅《じゅうたく》に住んでいたため、ひさびさの避難所《ひなんじょ》での再会《さいかい》に涙《なみだ》してよろこんでいる人がいた。高いところから一望する街の変わり果てた姿《すがた》にショックを受けている人もいる。

そのあと、避難《ひなん》ルートや防災《ぼうさい》の備蓄《びちく》品を確認《かくにん》した。緊急《きんきゅう》時にはかまどとして使えるベンチがあったが、鍵《かぎ》がかかっていて、実際《じっさい》どうやって使うかわからない。工具も必要なようだ。トイレとして使えるベンチも組み立てがむずかしい。この日参加していたメンバーのひとり、ダンディもこの現状《げんじょう》に疑問《ぎもん》をもったひとりだ。このころには東北ユースオーケストラの撮影《さつえい》係としてのポジションが定着し、デジタル一眼《いちがん》レフのカメラをつねに首からさげていたダンディは、「こんなことで防災《ぼうさい》になるのかな。もっと人の力で災害《さいがい》をへらすこともできるはずだ」と強く思った。これがのちに、ダンディが将来《しょうらい》を考えるうえで大きなきっかけになった。

防災《ぼうさい》のワークショップのあとは、真新しい集会所で、集まってくださったみなさんに演《えん》奏《そう》を披露《ひろう》した。午後二時ごろからスタートし、プログラムがおわると、地震《じしん》の起きた午後二時四十六分をむかえ、全員で黙祷《もくとう》した。ユウトの真心のこもった企画演出《きかくえんしゅつ》だった。

司会を務めたキャプテンのアカネは、はたして311当日に演奏会《えんそうかい》をひらいて聞きに来てもらえるのかと心配していたそうだ。しかし、これまでの有志演奏会《ゆうしえんそうかい》のように、たくさんの人が演奏《えんそう》に涙《なみだ》し、明るく歌ってくれたことがうれしかったという。

当日参加をした小学六年生のソラは、こうふりかえっている。

「想像《そうぞう》した以上に、津波《つなみ》の被災地《ひさいち》で受けたショックは大きかったです。特に、復興住宅《ふっこうじゅうたく》の屋上から見た石巻《いしのまき》の町並《な》みは、災害復興《さいがいふっこう》の現状《げんじょう》を思い知らされるものでした。学校の社会の時間に教わっていたことよりもっとひどい。また、そのような場所で演奏《えんそう》させてもらえたことに、感謝《かんしゃ》の気持ちと、演奏《えんそう》のあと涙《なみだ》を流している方を見て、思いが伝わったかな、と感じました。そして、津波《つなみ》で被災《ひさい》した方々を目の前にし、自分は『被災者《ひさいしゃ》』だなんてかんたんには思うことができないな、と思いました。被災《ひさい》とはなにかをきちんと理解《りかい》して、はじめて『被災者《ひさいしゃ》』だと。そして、石巻《いしのまき》で会った方々はそれができている人たちだと思った」

ソラと同級生のマオも、こんな感想をもった。

「海がいろいろなものをうばったけれど、みなさんは海のことをきらいになっていないんだなと思った。ぼくは今回参加したことで、音楽をさらに好きになった」

なつかしい参加者がいた。卒団《そつだん》した第一期のキャプテン、モモだ。彼女は大学卒業後、中学校の音楽の先生になっていた。

「小中高のメンバーが被災地《ひさいち》をおとずれ、地域《ちいき》の人たちと交流できたことは、非常《ひじょう》にプラスだったと思う。大学生が前に出すぎずに、そうした子たちに経験《けいけん》させることが、東北ユースオーケストラの今後の活動を伝えていくという意味で、大切になってくるのではと思う」

今回の有志演奏会《ゆうしえんそうかい》の企画《きかく》をしたユウトは、こんな感想を残している。

「『歌はいいねぇ。久しぶりにこんなにのびのび歌ったよ』『目の前でこんな音楽を聞けるんだもの、来てよかった』って、みんながしみじみおっしゃるんです。音楽ってすごいエネルギーだなって。伝え・つなぐこと、そしてよりそいつづけること。昨年度《さくねんど》からずっと実践《じっせん》していることですが、伝える、よりそうむずかしさを、その重さを痛感《つうかん》しています。状況《じょうきょう》は人それぞれ。志《こころざし》も正義《せいぎ》も。しかし、背《せ》のびをしても逆《ぎゃく》に迷惑《めいわく》をかけてしまうだけなのも事実です。これからもよくも悪くも〝学生らしい〟活動を〝続けていくこと〟が大切だと思います。〝太く〟なくていい、〝細く長く〟が大切です」

この日、ユウタの姿《すがた》はなかった。過去《かこ》をふりかえることより、この先、未来を見て活動をしたい。個人と個人のつながりよりも、組織《そしき》として広がりのある有志演奏会《ゆうしえんそうかい》をしたい。後輩《こうはい》の育成にも取り組みたい。ユウタの考える有志演奏会《ゆうしえんそうかい》の理想像《ぞう》は、ユウトとはちがったのだ。

ユウタは、合宿の休憩《きゅうけい》時間になると、小・中学生とおにごっこをして遊ぶような、人なつっこい性格《せいかく》だ。練習のあとはいつも、ユウタのまわりに、学校の宿題や塾《じゅく》の教材を広げた団員《だんいん》たちの輪ができている。小学五年生のヴァイオリン担当《たんとう》、サトイは、ユウタに「そのオジサン、これ教えて」なんて生意気に命令しながら、笑って教えをこうこともあった。その子たちが寝《ね》ると、今度は大学生メンバーとつるんで明け方までさわぐ。そして、つぎの日の朝の練習に寝坊《ねぼう》して「すみません、すみません」といいながら入ってきては柳澤《やなぎさわ》さんににらまれ、みんなから笑いをとっている。

そんなユウタの行動を、ユウトは「トミザワ、子どもがまねするだらしない行動はするな」とたしなめる。しかし、ユウタも、「ユウトくんだって練習をときどき休んでるじゃん」といいかえす。

東北ユースオーケストラの練習の配置では、金管楽器は最後列にならぶことが多い。右からチューバ、トロンボーン、トランペットの位置関係だ。メインの大曲の合奏《がっそう》練習で、丸々一楽章分、自分たちの吹《ふ》く出番がないと、「降《お》り番《ばん》」といって席で休んでいるものなのだが、チューバとトロンボーンは出入り口に近いこともあって、ユウタを筆頭に、すぐ練習の部屋を出ていってしまう。

すると、しばらくして柳澤《やなぎさわ》さんから、「あれ？　チューバはどこに行きましたか？　だれか呼《よ》んできてください」と指摘《してき》が入り、ユウタたちがもどってきてみんなにくすくす笑われているなか、ユウトは強く舌《した》打ちをする。

たまの出番となると、ユウタはついつい力強く吹《ふ》いてしまうのだろう。大きなチューバから分厚《ぶあつ》い音がえんりょなく響《ひび》く。同じ最後列の直近にいる団員《だんいん》たちにしたら、たまったものではない。

「トミザワ、うるさい」とユウトから注意が入り、「すみません」とあやまる。ユウタは「またユウトくんにおこられた」としょんぼりしながらも、いつのまにか音量は元にもどっている。

うるさいといいながら、ユウタはユウタの演奏技量《えんそうぎりょう》をみとめていたのだろう。二〇一七年の定期演奏会《えんそうかい》本番をおえた舞台袖《ぶたいそで》で、ユウトは、「トミザワ、よかったじゃん」と声をかけていた。

アカネ・キャプテンから見るユウトは、勝手に有志演奏会《ゆうしえんそうかい》を決めてきたかと思えば、自主的に団員《だんいん》への活動のマニュアルをつくってくれたり、演奏会《えんそうかい》の本番後には感謝《かんしゃ》の気持ちがあふれた長いメッセージを送ってきたりする、どこかにくめない自由人という印象《いんしょう》だ。

「アカネがいなかったら、こんなにアットホームなオーケストラにはぜったいならなかった！　つねに全体のことを考えてくれてありがとう。大好きなオーケストラにしてくれてありがとう」

実はユウトはアカネが通っていたミッション系《けい》の女子高の中村先生の子どもなのだと、ふしぎな縁《えん》を教えてくれた。

ユウタとユウトのふたりと同級生で、第一期からのメンバー、仙台《せんだい》市出身のヴィオラ担当《たんとう》、佐藤《さとう》ひかりさん（ヒカリ）は、石巻《いしのまき》での311のワークショップに参加して、つぎのような感想を残していた。

「これまでは、『震災《しんさい》でつらい思いをした、そのことを風化させないように伝えていく』という考え方だったが、今回の活動をとおして、『つらい思いを乗りこえて、わたしたちが前向きに進もうとしていることを伝えたい』という考え方に変わった」

このヒカリの考えの変化にそうように、第三期の有志演奏《ゆうしえんそう》活動の中心にはユウタがいた。大学生メンバーと協力して、有志演奏会《ゆうしえんそうかい》の活動をより積極的に行っていけるように、クラウドファンディングを使ってより広く活動を知ってもらうと同時に、資金《しきん》集めをすることになった。さらにOGメンバーをつうじ、津波被害《つなみひがい》の大きかった宮城県南三陸町《みなみさんりくちょう》で復興《ふっこう》活動を行う学生グループとつながり、また同地での復興《ふっこう》のシンボルだった「南三陸《みなみさんりく》さんさん商店街」で、小・中学生といっしょに有志演奏会《ゆうしえんそうかい》をはじめた。

こんなふうに、有志演奏《ゆうしえんそう》活動は充実《じゅうじつ》していった。

二〇一八年三月三日、石巻《いしのまき》。九人の有志《ゆうし》が集まった。

場所は、カリタス石巻《いしのまき》ベース。クリスチャンであるユウトのつてで昨年演奏《さくねんえんそう》におとずれた場所だ。しかし、今年度の有志演奏会《ゆうしえんそうかい》のリーダーはユウタ。事前の計画段階《だんかい》からふたりの主張《しゅちょう》はぶつかった。

ユウトとしては、被害《ひがい》の大きかった場所を団員《だんいん》に見せたかった。

「早めに石巻《いしのまき》に着いて、車でみんなを案内したい。実際《じっさい》にこの目で見て感じた気持ちを、演奏会《えんそうかい》で表現してほしい」

それを聞いてユウタは反対した。

「小学生もいるんだから、安全のことを考えると車移動《いどう》なんてだめだよ。みんなで電車に乗って、ゆとりをもって会場に着いて、演奏《えんそう》を聞きに来てくれた人と交流して、なにかおいしいものを食べて、また電車で帰ればいいじゃん。参加した団員《だんいん》が震災《しんさい》のことだけじゃなくて、いまのその地域《ちいき》を楽しみながら知ることも大事だと思うけど」

「トミザワ、石巻《いしのまき》に行って被害《ひがい》の大きかったところも見ずに帰って、それで東北ユースオーケストラかよ。観光で行くんじゃないぞ」

「ユウトくんの言い分はわかるけど、車がぜったい事故《じこ》を起こさないって断言《だんげん》できるの？」

ふたりの同級生であるヒカリは、仲を取りもって板ばさみになった。いまでは、有志演《ゆうしえん》奏会《そうかい》についての考え方はユウタと近い。しかし、このときは結局、一途《いちず》なユウトの情熱《じょうねつ》に大学生メンバーはおしきられた。ユウタと同級生で、同じ地元いわき市出身のコントラバス担当《たんとう》、カリンが自分の車を出し、ユウタが仙台《せんだい》駅でレンタカーを借り、石巻《いしのまき》にむかうことになった。

「ユウトはあれだけいっておいて、自分では運転しないんじゃん」

カリンはぶつぶついいながら石巻《いしのまき》の街を走らせていた。弦《げん》楽器のなかで最も大きな楽器を担当《たんとう》しているので、楽器運搬《うんぱん》のためにふだんから車の運転にはなれている。第一期の坂本監督《かんとく》との初対面のとき、練習をおえ、エレベーター前まで楽器を運んだら、「大きな楽器だね。運ぶのたいへんでしょう」ととつぜん声をかけられ、びっくりしたという。たしかに身長があまり高くないから、ときどきコントラバスの影《かげ》にすっぽりかくれて、楽器だけが勝手に動いているように見えるときがあるのだ。

最初の視察《しさつ》場所は、旧大川《きゅうおおかわ》小学校だった。八十四名の児童と教職員《きょうしょくいん》の命がうばわれた悲劇《ひげき》の地。遺族《いぞく》が裁判《さいばん》を起こし、学校側の過失《かしつ》、防災《ぼうさい》体制の不備《ふび》がみとめられ、宮城県と石巻《いしのまき》市に有罪《ゆうざい》の判決《はんけつ》が出た。

震災遺構《しんさいいこう》として残された校舎《こうしゃ》を前にユウトは、感情《かんじょう》をおしころすようにいった。

「想像《そうぞう》力をはたらかせて聞いてほしい。いまの小学校のまわりはなにもない場所だけど、震災《しんさい》前には住宅《じゅうたく》がたくさんあったんだ。でも、津波《つなみ》ですべて流されてしまい、児童もたくさん亡《な》くなってしまった。そのことをよく考えてほしい」

その後、復興住宅《ふっこうじゅうたく》を見学し、ユウトの指示《しじ》で石巻《いしのまき》市街を一望できる日和山《ひよりやま》公園へとむかった。ユウトを乗せたカリンの車が先導《せんどう》し、ユウタの車が後から追う形だ。

後ろのユウタの車に同乗していたダンディは、

「なんだかせわしないね。朝から予定をつめこみすぎじゃない？」

と、つかれたようにつぶやいた。

ハンドルをにぎるユウタは、

「ほんとうだよ。ちゃんとよゆうをもって、計画を立てるべきだよ」

と、めずらしく毒《どく》づいていた。

実はカリンは、中学時代にユウタの父、冨澤《とみざわ》先生に理科を教わっていた。まっすぐなユウタを見ていると、冨澤《とみざわ》先生を思いだすのだという。

昼前にはなんとか目的地、カリタス石巻《いしのまき》ベースに到着《とうちゃく》した。昼食にカレーをごちそうになったユウタは、やっとユウトへの不満もおさまったようだが、そのほかの団員《だんいん》たちの目から見ても、ユウトとユウタのすれちがいは明らかなものとなった。

ふたつの正しさ、もうひとつの生き方

二〇一九年二月。石巻《いしのまき》での復興《ふっこう》プロジェクトとの新たな出会いがあった。前年におとずれた大川《おおかわ》地区の復元《ふくげん》模型《もけい》をつくる「記憶《きおく》の街プロジェクト」。きっかけは、震災《しんさい》後に旧《きゅう》大川《おおかわ》小学校をおとずれた観光客が口にする、「なぜ、こんななにもないところに小学校があるの？」という心ない問いかけだった。津波《つなみ》が来るまでは、ここに家がならび、人々の暮《く》らし、営《いとな》みがあったことを知ってほしかった、のこしたかった。

大川地区では津波《つなみ》の被害《ひがい》を受けた四集落・四〇〇世帯も、今後の被害《ひがい》をさけるため、十五キロ内陸に移転《いてん》することになった。そのまえに、「地域《ちいき》の記憶《きおく》を形に残したい」という住民が声をかけあい、神戸大学の槻橋修《つきはしおさむ》准教授《じゅんきょうじゅ》ら四つの大学の協力を受けて、四集落の模型《もけい》をつくった。

航空《こうくう》写真や地図を参考に、地域《ちいき》の五〇〇分の一の白い模型《もけい》をつくって仮設住宅地《かせつじゅうたくち》に運び、住民の話を聞いて神戸大学の学生が色をつけ、思い出を「記憶《きおく》の旗《はた》」というアクリル片《へん》に書いて模型《もけい》にさす。長い語りは「つぶやき」として文章化する。三年間をかけて住民とのワークショップを四回開催《かいさい》し、学生五十人の手を借りて三十九平方メートルの模型《もけい》が完成した。「記憶《きおく》の旗《はた》」は二七〇〇本、「つぶやき」は一〇〇〇件《けん》にのぼる。このうち、長面《ながつら》・尾崎《おのさき》の集落の模型《もけい》を新しくできた住宅地《じゅうたくち》の集会場に展示《てんじ》することになり、その催《もよお》しで東北ユースオーケストラに演奏《えんそう》の依頼《いらい》があったのだ。

二月十日。ユウタがリーダーになり、ユウトをのぞく有志《ゆうし》メンバー五名が石巻《いしのまき》駅に降《お》りたった。まずは演奏《えんそう》会場となる二子《ふたご》東《ひがし》絆《きずな》会館という集会所の下見にむかう。想像《そうぞう》以上の模型《もけい》の大きさ、細かなつくりに、団員《だんいん》たちはおどろいた。

出むかえてくれたのは、地元の大川《おおかわ》地区の長面《ながつら》出身の大学生、永沼悠斗《ながぬまゆうと》さんだ。若者《わかもの》代表として模型《もけい》づくりの推進《すいしん》役をになっているという永沼《ながぬま》さんから、模型《もけい》の説明を受けた。

ふしぎなもので、家の屋根の色まで再現《さいげん》された模型《もけい》を見ているうちに、住民たちは、昔のねむっていた記憶《きおく》が呼《よ》びおこされ、しぜんと思い出がうかんでくるという。みんなで模型《もけい》を見ながら、笑顔で昔を語りあいながら思いだすことで、より記憶《きおく》が引きだされやすいのかもしれない。

永沼《ながぬま》さんは、ユウタからの質問《しつもん》や反応《はんのう》がおもしろかったようで、いつのまにかふたりのかけあいが続いていた。

「ユウタくんとは、今日会ったばかりと思えないなぁ」

「前世でなにかあったのかな？」

とおもしろがる。初対面からウマが合ったらしい。

昼食に案内された、長面浦《ながつらうら》に面する「漁家《りょうか》レストランのんびり村」で待っていたのが、坂下清子《きよこ》さんというおばあちゃんだった。「みんなで楽しく食べてください」と、殻《から》ごとの生牡蠣《がき》から焼き牡蠣《がき》、牡蠣《かき》ご飯と、牡蠣《かき》づくしの料理をふるまってくれた。同じ県内の仙台市《せんだい》からの団員《だんいん》たちも「こんなにおいしい牡蠣《かき》ははじめて」とつぎつぎに口に入れて、あまりのおいしさに言葉を失っていた。

長面浦《ながつらうら》産の牡蠣《かき》は、宮城県で生産されている牡蠣《かき》のなかで一％ほどの収穫量《しゅうかく》しかない。長面浦《ながつらうら》は周囲を広葉樹の森にかこまれた内湾《ないわん》で、豊《ゆた》かな自然にめぐまれて育った牡蠣《かき》は、地域《ちいき》の人たちの誇《ほこ》りとなっている。漁師《りょうし》たちは震災《しんさい》後、なにもないなかから養殖《ようしょく》業を復《ふっ》旧《きゅう》させてきた。また味もよいことから、知る人ぞ知る最高級ブランドの牡蠣《かき》で、セリで宮城県内の最高額《がく》を出すこともある。坂下さんは、みんなが牡蠣《かき》をおいしく味わう様子をながめながら話してくれた。

「若《わか》い人たちが『おいしいおいしい』って食べてくれるとうれしいねえ。その場所で、人とふれあって、そのおいしさははじめてわかるんだよね」

ユウタは、口いっぱいに牡蠣《かき》をほおばりながら大きくうなずいた。

震災《しんさい》前までは民宿を営《いとな》んでいたという坂下さん。津波《つなみ》により、震災《しんさい》後尾崎《おのさき》集落は人が住めない地区に指定されてしまったため、民宿に夜、人を泊《と》めることができなくなってしまった。今日はひさしぶりの若《わか》い世代の来客ということで、孫が来たようによろこんだ。食事をおえ、出発する団員《だんいん》たちを「あとで演奏会《えんそうかい》を聞きに行くからね」と、笑いながら送りだしてくれた。

演奏《えんそう》前に立ちよったのは、旧大川《きゅうおおかわ》小学校。ユウタにとっては、一年前のユウトによる案内から二回目の訪問《ほうもん》となる。最初に慰霊碑《いれいひ》にむかってみんなで手を合わせ、永沼《ながぬま》さんのガイドに耳をかたむける。

「この場所は、たしかに多くの人が亡《な》くなった場所であり、ぼくを育ててもらった母校でもあります。ぼくにとっては、悲しい場所であると同時に、楽しい思い出がたくさんつまった場所なので、みなさんにこの楽しかった思い出を覚えていってほしい」

永沼《ながぬま》さんからこの小学校で過《す》ごした運動会や写生の思い出が語られたあと、実は当時八歳《さい》の小学校二年生の弟さんが津波《つなみ》に飲みこまれたと聞いた。

「あの日、石巻《いしのまき》市内の高校に通っていたぼくは、弟たちも当然逃《に》げて助かっていると思っていた。でも、実際《じっさい》はちがった。七十四人の児童と十人の先生方が亡《な》くなり、弟とは朝『おはよう』と声をかけたのが最後の会話になってしまった。この場所で、ぼくたちは野球をしたり、一輪車に乗ったり、春は中庭でお花見給食を食べたりした。楽しかった。でも、日常生活が一瞬《いっしゅん》にして断《た》ちきられてしまった。ぼくの弟はやんちゃで、担任《たんにん》の先生はそれを受けとめてくれるいい先生だった。先生だって助けたかったと思う。大切なのは、悲しみをくりかえさないように、災害《さいがい》から大切な人を守れるように、教訓を未来へ語りつぐことなんだ」

大川《おおかわ》小学校の校歌の題名は『未来をひらく』。この場所を教訓として未来へつなぎ、おとずれた人が子々孫々に語りつぐことにより、この思い出の地が未来をひらく場所になれば、と永沼《ながぬま》さんは思っているのだ。

永沼《ながぬま》さんの想いを聞いたユウタは、去年、自分たち有志演奏《ゆうしえんそう》メンバーをここに連れてきたがっていたユウトの気持ちが少しわかったような気がした。今日演奏《えんそう》するメンバーも、三人が教育大生だった。ここで起こった事故《じこ》については他人事ではない、いつか当事者になるかもしれないという気持ちがあったのだろう。全員がおしだまっていた。

集会場には、たくさんの人たちが有志演奏《ゆうしえんそう》を待ってくれていた。

有志《ゆうし》メンバーの弦楽《げんがく》アンサンブルが、坂本監督《かんとく》の曲「aqua《アクア》」を奏《かな》でるなか、記憶《きおく》の「つぶやき」を地元で活躍《かつやく》するアナウンサー、大葉由佳《ゆか》さんが朗読《ろうどく》する。

「うちの母ちゃん、シジミ採《と》りのとき、黒い服着てたから、遠くから見るとオットセイに見えたりして」

「海水浴場に、軽トラに子どもを乗せて、連れていった」「そして、そのまま帰ってきたら、そのままホースで体を洗《あら》ってけでさ」

「砂浜《すなはま》にはカニがいた。あのカニ速いんだよね、走るのが。昔は砂浜《すなはま》、広がったなぁ」

地元の言葉で読まれる記憶《きおく》。

アンコールでは、お客さんから「最後は『ふるさと』を歌いたい」との声があがった。アドリブの演奏《えんそう》に、会場のみなさんが声を合わせて歌ってくれた。涙《なみだ》をこぼして歌う人もいた。永沼《ながぬま》さんも坂下さんも、感無量の思いで見守った。

演奏《えんそう》がおわって、坂下さんは、「なんていい演奏《えんそう》だ。また聞きたい」といってくれた。

「また牡蠣《かき》を食べたいです」という団員《だんいん》に、「うん、またぜひ、ほんとうだよ。うそじゃなくて、約束ね」と一人ひとりと指切りをして去っていった。

一年後、二〇二〇年二月二十二日（土）、『ふるさとの記憶《きおく》』を語る会」というイベントが行われ、東北ユースオーケストラに有志演奏《ゆうしえんそう》の依頼《いらい》をもらい、ふたたび大川《おおかわ》地区をおとずれた。前年度に東北ユースオーケストラを卒団《そつだん》したユウタは、OBとしての参加だ。

石巻《いしのまき》駅で、永沼《ながぬま》さんが待ってくれていた。今回大川《おおかわ》地区をはじめておとずれる団員《だんいん》に、模型《もけい》の説明をするため、そして、ユウタとの一年ぶりの再会《さいかい》を願ってくれていたからだ。

その夜行われた地元の人との交流会には、坂下さんも来てくれた。ユウタが「今度は泊《と》まりに来るっていっていた約束を、守りに来ました」とはずかしそうにあいさつすると、坂下さんは「よく来てくれたね。また会えた」とユウタの腕《うで》をポンポンとたたき、歓迎《かんげい》してくれた。交流会はもりあがり、地元の人から「なにか演奏《えんそう》して」と声がかかる。去年に続けて参加したヒカリは、リクエストにこたえて、ソロで「早春賦《そうしゅんふ》」などを披露《ひろう》した。

翌日《よくじつ》、今年の会場は、五年前に地元のお母さんたちがはじめた「長面浦《ながつらうら》はまなすカフェ」。メインの料理は、もちろん牡蠣《かき》だ。

するとその場にとつぜん、ユウトがあらわれた。

「どうしてユウトがいるの？　今日、参加予定じゃなかったよね」

ヒカリは、思わずユウタを見た。二年前のカリタス石巻《いしのまき》ベースにまつわる、ユウトとユウタのぶつかりあいを覚えていた団員《だんいん》たちも心配そうだ。

すると、ユウトの口から、ある事実が明かされた。

中村祐登《ゆうと》と永沼悠斗《ながぬまゆうと》さん、実はふたりは親戚同士《しんせきどうし》だったのだ。ユウトは311の津波《つなみ》で、当時大川《おおかわ》小学校二年生だったいとこの子どもを亡《な》くしていた。その子は、永沼《ながぬま》さんの弟と同級生だったのだ。

「そういうことだったんだ」

ヒカリは、これまでのことが一本の線でつながったように思えた。

ユウタも、有志演奏会《ゆうしえんそうかい》にひとかたならぬ情熱《じょうねつ》を燃《も》やしていたユウトの動機がふに落ちた。

ユウトとユウタ。同じく教師《きょうし》の家に生まれ、トランペットとチューバという同じ金管楽器にひかれ、練習をつんできた。311をともに体験し、東北ユースオーケストラに同じ年に同級生として入団《にゅうだん》した。

一見似《に》たもの同士《どうし》に見えるふたりだが、有志演奏会《ゆうしえんそうかい》についての考え方や、企画《きかく》から実施《じっし》にいたるまでの取り組み方、人とのつきあい方、価値観《かち》は大きくちがった。

ふたりには、ふたつの正しさがあった。どっちが正しいというものではない。ひとつの正義《せいぎ》は他を否定《ひてい》し、他を攻撃《こうげき》しやすい。ひとつの正義《せいぎ》に人はよいしれやすく、盲目《もうもく》になりがちだ。

石巻《いしのまき》。ふたつの正しさが、もうひとつの生き方に出会った。

永沼《ながぬま》さんは地元にとどまり、過去《かこ》とむきあいながら、未来をむいて生きている。過去《かこ》から未来へと記憶《きおく》をつないでゆく。

人の数だけ考え方がある。その一つひとつが、いま、ここで生きて、一つひとつの生き方となる。

東北ユースオーケストラの一人ひとりが束となった音楽には、なにができるのだろう？

「はまなすカフェ」にて、演奏会《えんそうかい》を行った。

「記憶《きおく》の街《まち》プロジェクト」の説明を受ける有志《ゆうし》メンバー。

（左）「のんびり村」の坂下清子《きよこ》さん。（下）坂下さんをかこむ団員《だんいん》たち。写真中央が坂下さん、後列右から二番目がユウタ。

（上）永沼悠斗《ながぬまゆうと》さんとユウト。（左）旧大川《きゅうおおかわ》小学校にて、永沼悠斗《ながぬまゆうと》さんのお話を聞く有志《ゆうし》メンバー。

間《かん》奏《そう》曲《きょく》#3

菅野桃香《かんのももか》（福島県浪江町《なみえまち》出身、フルート担当《たんとう》）が体験した311と東北ユースオーケストラ

わたしは一九九九年に福島県いわき市で生まれて、すぐに浪江町《なみえまち》に引《ひ》っ越《こ》しました。だから、人には「浪江町出身《なみえまち》」といっています。震災《しんさい》のときは十二歳《さい》、浪江《なみえ》小学校六年生でした。

自習中の三階の教室で、プリント学習をしていたときです。午後二時四十六分にとつぜんまわりがゆれだし、「机の下にかくれてください」と校内放送が流れました。あまりのゆれに机は動くし、立っていられないしで、そのままじゃがみこむのがやっとでした。

教室の窓《まど》から周辺の家がバタバタくずれていく光景を目にして、大きな衝撃《しょうげき》を受けました。いまでも記憶《きおく》にしっかりときざまれています。

校庭に避難《ひなん》するように指示《しじ》が出ましたが、避難《ひなん》訓練とはちがって、校内にはいろんなも

のが散らかっている状態《じょうたい》で、思うように歩けませんでした。たおれている下駄箱《げたばこ》をよじ登って、なんとか校庭に出ることができました。

立て続けに起こる余震《よしん》のこわさと、寒さにふるえていたら、まもなく雪が降《ふ》ってきました。もともと福島県の浜通《はまどお》り地区（福島県を三つの地域《ちいき》に分けたときの、最も東側の沿岸《えんがん》部）は、冬でもほとんど雪がつもらず、まして三月に雪が降《ふ》るようなことはなかったので、とても不吉《ふきつ》な感じがしました。そのころ、海辺のほうでは津波《つなみ》が来ていて、いちばん海に近い小学校が津波《つなみ》で跡形《あとかた》もなく流されたのだと知ったのは、夜になってからです。なにしろ停電《ていでん》していましたから、ぜんぜん情報《じょうほう》が入ってきませんでした。

両親は、ともに小学校の教師《きょうし》でした。発災時《はっさいじ》は、自分たちが受けもつ児童のケアで手いっぱいだったようです。三歳《さい》上の姉は、中学校の卒業式をおえてちょうど家におり、屋根の瓦《かわら》が落ちてきてあぶない目にあったものの、近所のピアノの先生のところに身をよせていたのだそうです。

わたしの小学校には、夜の七時くらいに、父がむかえに来てくれました。いっしょに学校で家族のむかえを待っていた友だちは、両親との電話で「住んでいるアパートが全壊《ぜんかい》してつぶれてしまった」と会話していました。わたしたちの家も半壊状態《はんかいじょうたい》でしたが、どうにか建ってはいました。それから、父と姉といっしょに、市役所の体育館へ炊《た》き出《だ》しの豚《とん》汁《じる》をいただきに行きました。

その夜は、わたしたち姉妹は被害《ひがい》の少なかった両親の寝室《しんしつ》で寝《ね》かせてもらい、両親は居間でひと晩過《ばんす》ごしました。それでも、寝《ね》ているあいだに家がくずれたらどうしよう、という不安がありました。

つぎの日の朝六時、血相を変えた両親に起こされました。

「いますぐ避難《ひなん》するよ。原発（福島第一原子力発電所）の近隣《きんりん》住民全員に、避難指示《ひなんしじ》が出た」

それからすぐに車に乗って、近所に住んでいた祖父母《そふぼ》とともに、町の中心部から内陸のほうに北上し、津島《つしま》地区へむかいました。わたしは車のなかで毛布《もうふ》とお菓子《かし》をかかえながら、人口二万人の浪江町《なみえまち》の人たちが、なぜ渋滞《じゅうたい》しながら山のほうにむかうのだろうとふしぎに思っていました。

たどりついた津島《つしま》の避難所《ひなんじょ》は、たくさんの人であふれかえっていて、入れませんでした。実はあとから、そのころの津島《つしま》はかなり放射線量《ほうしゃせんりょう》が高かったと知るのですが。

そこで、ひさしぶりに津島《つしま》の親戚《しんせき》のおばあちゃんの家へ行きました。昼に素麺《そうめん》をいただいて、テレビで震災《しんさい》の報道中継《ほうどうちゅうけい》を見ていたら、福島第一原子力発電所のなかで爆発《ばくはつ》が起こりました。実際《じっさい》、家の外からも「ボン」という爆発音《ばくはつ》が聞こえ、これはたいへんなことが起きているぞ、とはじめて実感しました。

いそいでここをはなれようとなって、夜の九時、ふたたび車に乗って、今度は郡山市《こおりやま》へむかいました。車のなかで原発の近隣《きんりん》住民を受けいれている避難所《ひなんじょ》を調べ、一時避難所《ひなんじょ》になっていたスーパー銭湯《せんとう》にたどりつきました。わたしたちと同じように、浜通《はまどお》り地区から逃《に》げてきた人たちがたくさんいて、びっくりしました。

そのつぎの日、三月十三日は、新潟《にいがた》からいとこが来てくれました。祖父母《そふぼ》を新潟《にいがた》に連れていってくれるためです。そのときのいとこのはげましが、とても心強かったです。会うだけで安心できたんだと思います。

残った家族四人は、とりあえず着る服を買いに行こうと、郡山《こおりやま》市内の服屋さんに行きました。おどろいたことに、店内には店員さんもお客さんもふつうにいました。同じ県内なのに、この三日間の過《す》ごし方があまりにちがいすぎて、「なんで自分たちだけ、こんな目にあっているのだろう」と強く思いました。

そのあとも、パンの配給をもらいに行ったり、携帯《けいたい》電話の充電《じゅうでん》をさせてくれる場所をさがしたり、足りない毛布《もうふ》を買ったり、ガソリンスタンドで一、二時間ならんだり、とせわしなく動きまわりました。やっと避難所《ひなんじょ》にもどると、そこに残っていたのは、わたしたち家族が使っていた三枚《まい》の毛布《もうふ》だけ。昨日あんなにたくさんいた人も、だれひとりいません。一時避難所《ひなんじょ》が閉鎖《へいさ》されたのです。

それからあわてて避難《ひなん》先をさがしました。浪江町《なみえまち》からの避難者《ひなんしゃ》を受けいれてくれる郡山《こおりやま》の学校の避難所《ひなんじょ》を知り、そちらに移動《いどう》しました。夜にもかかわらず、職員《しょくいん》さんが親切に出むかえてくれ、とてもほっとしたことを覚えています。ひさびさにあったかいお味噌汁《みそしる》と、おにぎりをいただきました。

しかし、その避難所《ひなんじょ》もせまい和室に、三、四組の家族で過《す》ごさなければならなかったので、四日目にいとこの住む新潟《にいがた》へ移動《いどう》しました。家に一泊《ぱく》だけさせてもらい、つぎの日に新潟《にいがた》市内に六畳《じょう》一間のアパートを借りて、一週間くらい過《す》ごしました。ときどきいとこが、気分転換《てんかん》にと近くのショッピングセンターに連れだしてくれたのですが、そこにある日常《にちじょう》と、自分たちとのあまりのギャップにショックを受けました。

もうひとつ、わたしは小学校の友だちのことがずっと気になっていました。通っていた小学校の卒業式が中止になったという連絡《れんらく》は受けていましたが、それでも、四月の頭には浪江《なみえ》に帰り、友だちにもまた会えると思っていたんです。それなのに両親から「浪江町《なみえまち》の家にはしばらく帰れない、卒業式ももうできないと思う」といわれ、それまでは涙《なみだ》も出なかったのですが、はじめて号泣《ごうきゅう》しました。

友だちがみんな、どこにいるかもわかりませんでした。あの日、いちばん仲がよかった友だちとは、「また明日ね。でも明日は学校のかたづけで、いそがしいんだろうね」といって別れたきり。

その子とはその後、中学二年生のときに一度だけ仙台《せんだい》で会いました。ほんとうは同じ中学校に通っているはずだったのに、いまはちがう制服《せいふく》を着て、別々のところにはなれて暮《く》らしている。そんなことを思いながら、3・11のあとにおたがいが体験したことを話しあいました。その子はおばあちゃんのいる山形の家で暮《く》らしていて、それっきり会っていません。

その後、わたしたち家族は、姉がいわき市の高校に合格《ごうかく》していたこともあり、いわき市内にアパートを借りて暮《く》らすことになりました。わたしは、まったく知らない中学校に通うことになってしまいました。

浪江町《なみえまち》の実家には、いままでに二度、一時帰宅《きたく》で帰りました。はじめて帰宅《きたく》したのは、二〇一四年の三月。地域《ちいき》の放射線量《ほうしゃせんりょう》が高いので、十五歳《さい》になるまで入ることができなかったんです。ひさびさに帰れることはうれしかったけど、自分の家に入って、その荒《あ》れ果《は》てた姿《すがた》にショックを受けました。庭では太ったネズミが走りまわっていました。自宅《じたく》には明らかに泥棒《どろぼう》が入ったあとがありました。

とてもたいへんな目にあったのは事実です。でもわたしは、そんななか、両親ができるかぎりのふつうの生活をあたえてくれたことに、とても感謝《かんしゃ》しています。いま、東京の音楽大学に通えているのは両親のおかげです。

中学二年生のときには、お医者さんたちによるアマチュアの復興《ふっこう》コンサートを聞く機会がありました。それが、なぜかまるで自分のためだけに演奏《えんそう》してくれたかのようで心に響《ひび》き、感動したんです。そのときに、「人々を笑顔にするため音楽を学びたい、自分がプロの演奏家《えんそうか》になったら、いつかだれかの力になれるかもしれない」と思ったのです。小学校からフルートとピアノは続けていました。高校で吹奏楽部《すいそうがく》に入ってからは、特にフルートに打ちこみました。

東北ユースオーケストラの存在《そんざい》は、たまたま高校三年生のときにスマホで検索《けんさく》していて知りました。団《だん》の趣旨《しゅし》を読んで「自分にぴったりなオーケストラがある！」と思いました。

それまでオーケストラの経験《けいけん》もなかったのに。音楽大学の合格《ごうかく》発表を聞いたあと、事務《じむ》局《きょく》に電話して、第三期から団員《だんいん》になることができました。

東北ユースオーケストラのユニークなところは、小学四年生から大学生までの幅《はば》広い年《ねん》齢《れい》層のつながりです。それに、ただ演奏《えんそう》するだけでなく、震災《しんさい》のことを広く伝えていくという使命ももっています。わたしにとっては、震災《しんさい》の記憶《きおく》だけでなく、あたりまえのことへの感謝《かんしゃ》や日常《にちじょう》のありがたさを伝えるのも、大事なことだと思っています。あと、やはり坂本龍一《りゅういち》監督《かんとく》の存在《そんざい》も大きいですね。

坂本監督《かんとく》は、相手が子どもでも、同じ目線で、いつも心地いい距離感《きょりかん》で接《せっ》してくれます。坂本監督《かんとく》の作品「ラストエンペラー　テーマ」を演奏《えんそう》するとき、わたしはフルートのソロパートを、思いきり鳴らして、歌うように吹《ふ》いて満足していたんです。しかし、坂本監《かん》督《とく》から、

「演奏《えんそう》記号でいう〝ピアノ〟（弱く）でお願いします、縦笛《たてぶえ》のような、さーっという感じで」

と指導《しどう》を受けました。わたしが演奏《えんそう》していたのとは真逆《まぎゃく》なイメージで指示《しじ》されたんです。作曲者だからこそのアドバイスだなと感じました。監督《かんとく》の指摘《してき》にありがたいと思うと同時に、作曲者に敬意《けいい》をはらって、もっとしっかり楽譜《がくふ》を読まなきゃと反省しました。

坂本監督《かんとく》のように、音楽をつうじて発信できることがあると思っています。3ー1のことを伝えていくことは、戦争のことをいい伝えるように、もちろんいうことも聞くことも楽しいことではないけれど、わたしは、望まれれば震災《しんさい》のことを語っていきたい。震災《しんさい》で避難《ひなん》した経験《けいけん》と、いまのわたしの気持ちを、言葉だけではなく音楽でも。

だから、震災《しんさい》にあった人のことを思って演奏《えんそう》したい。

震災以降《しんさいいこう》、東北地方の復興《ふっこう》は進んできていますが、わたしの心の一部は、ふるさとの浪江《なみえ》に置いてきてしまったような感じがしています。心が復興《ふっこう》しきれていない、と思うこともあります。

でも、東日本大震災《しんさい》のあとも、日本にはいくつもの大きな地震《じしん》や水害などの白然災害《さいがい》がありました。熊本も大きな地震被害《じしんひがい》を受けました。3ー1のあとは「なぜ自分たちだけが、こんなひどい目にあったんだ」と思っていましたが、東北ユースオーケストラに入って、被災《ひさい》したほかの地域《ちいき》への支援《しえん》の立場に立ったことで、あのときに受けた支援《しえん》やはげましのありがたさが、よくわかるようになりました。あらためて感謝《かんしゃ》できるようになったのです。

だから、東北ユースオーケストラは、自分が成長できる場だと思います。

これからもこのオケで、震災《しんさい》のことを、言葉で、音楽で、伝えていきたいです。

第四楽章

つながるオーケストラへ

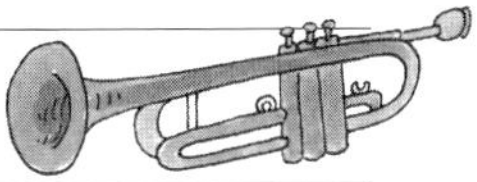

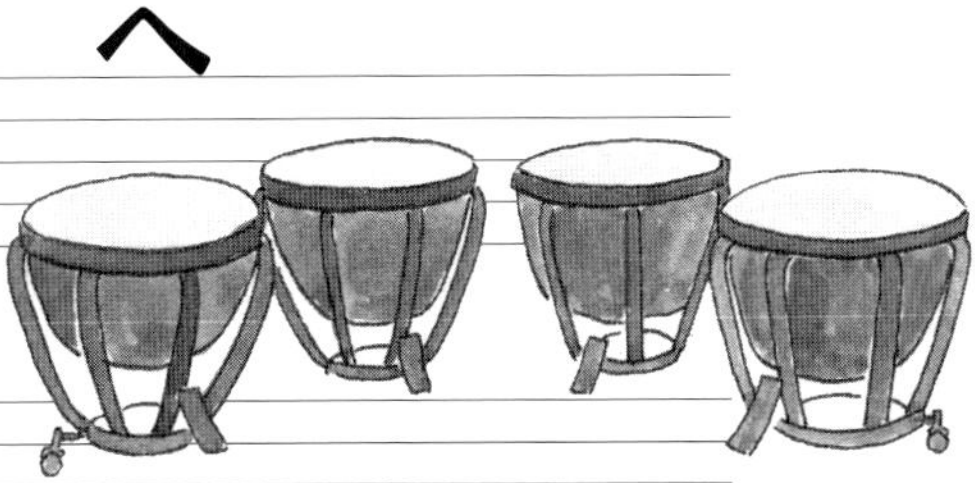

全国とつながる、熊本とつながる

二〇一六年度の第二期以降《いこう》も、毎年三月の定期演奏会《えんそうかい》で、新たな楽曲に挑戦《ちょうせん》することができた。東京だけでなく、団員《だんいん》の地元である東北地方公演《こうえん》も行えている。福島県郡山《こおりやま》市、宮城県仙台《せんだい》市。そして二〇一九年、第四回の定期演奏会《えんそうかい》を行った岩手県盛岡《もりおか》市では、本番直前に岩手日報《にっぽう》の紙面の大見出しで「東北の誇《ほこ》り」と紹介《しょうかい》され、団員《だんいん》も見守るおとなたちもおおいによろこんだ。

そして二〇一九年の四月、第五期である。

創立《そうりつ》五年目の節目となる翌年《よくとし》二〇二〇年の演奏会《えんそうかい》にむけて、坂本監督《かんとく》はふたつのプランを打ちだした。

ひとつは、311以降《いこう》も日本に生じた自然災害《さいがい》の被災地《ひさいち》をつなぐ、演奏会《えんそうかい》を開催《かいさい》すること。ベートーヴェンの「交響曲《こうきょうきょく》第九番」、通称《つうしょう》「第九」を演奏《えんそう》し、そのなかにある「歓《かん》喜《き》の歌」の合唱パートのために、それぞれの被災地《ひさいち》から参加者をつのり、「つながる合唱団《だん》」を編成《へんせい》し、共演《きょうえん》するというものである。

もうひとつは、第一期から予告《よこく》されていた、坂本監督《かんとく》による東北ユースオーケストラのためのオリジナル作品を披露《ひろう》するというものだ。

その年の夏合宿の場所は、都心からも近い山梨県の富士河口湖町《ふじかわぐちこまち》。坂本監督《かんとく》による第九のスコアリーディングや、子ども時代に聞いてきた音楽についてのトークセミナーを行い、夜は富士山《ふじさん》のふもとでバーベキューや花火を楽しんだ。

九月には第九の合唱参加者の公募《こうぼ》をはじめた。対象《たいしょう》となるのは、この五つの災害《さいがい》が起こった地域《ちいき》の人だ。

二〇一一年「東日本大震災《しんさい》」：福島県、宮城県、岩手県
二〇一六年「平成二十八年（二〇一六年）熊本地震《じしん》」：熊本県
二〇一七年七月「平成二十九年七月九州北部豪雨《ごうう》」：福岡県、大分県
二〇一八年七月「平成三十年七月豪雨《ごうう》（西日本豪雨《ごうう》）」：岡山県、広島県、愛媛《えひめ》県
二〇一八年「平成三十年北海道胆振《いぶり》東部地震《じしん》」：北海道胆振《いぶり》地方

定員の一二〇名を大幅《おおはば》に上回る応募《おうぼ》があり、選考の上、全国十か所で合唱の練習がはじ

まった。

東北以外の地域《ちいき》とのつながりは、いち早く熊本で実現《じつげん》できた。

二〇一六年四月に二度の大きな地震《じしん》におそわれた熊本への支援《しえん》には、坂本監督《かんとく》のひときわ強い想いがあった。復興《ふっこう》のため、文化の拠点《きょてん》として誕生《たんじょう》する熊本城ホールのこけら落としの一環《いっかん》として、熊本市から坂本監督《かんとく》に公演《こうえん》依頼《いらい》が入った。地元のオーケストラと東北ユースオーケストラの共演《きょうえん》ができるならと、二〇一九年十二月二十五日のコンサートが決まった。


本番の二日前、朝の九時に仙台《せんだい》空港に集合した団員《だんいん》たちは、飛行機とバスを乗《の》り継《つ》いで、ようやく夕方に熊本城ホールへと到着《とうちゃく》した。まずは真新しいホールを見学した。木の質《しつ》感《かん》を生かしたホールや広々としたステージに団員《だんいん》たちは感激《かんげき》し、つぎつぎとスマホのカメラのシャッターをおしていた。

楽屋に行くと、共演《きょうえん》する「熊本ユースシンフォニーオーケストラ」のみなさんが待っていた。

「こんにちは。みなさんと共演《きょうえん》できるのをとても楽しみにしていました」

ヴィオラ担当《たんとう》の大学生、石抜喬郎《いしぬきたかお》さんが代表して歓迎《かんげい》の言葉でむかえてくれた。熊本ユースは熊本県内の小学生から二十九歳《さい》までの団員《だんいん》で構成《こうせい》されていて、五十六年の歴史《れきし》を誇《ほこ》るオーケストラだ。

今回の公演《こうえん》は、人間と自然、地域《ちいき》とコミュニティ、そして人と人のつながりを「音楽」をつうじて『Reconnect《リコネクト》（つなぎなおす）』する試みとして、熊本と東北のふたつの被災《ひさい》地《ち》をつなぎ、ひとつの音楽を奏《かな》でる。東北ユース四十五名、熊本ユース五十七名の合計一〇二名による合奏《がっそう》となる。この共演《きょうえん》にくわえ、坂本監督《かんとく》のピアノソロ、監督《かんとく》とヴィオラ奏者《そうしゃ》の安達真理《あだちまり》さん、チェロ奏者《そうしゃ》の藤原真理《ふじわらまり》さんによるピアノトリオ、さらに吉永小百合《よしながさゆり》さんも出演《しゅつえん》という豪華《ごうか》プログラムだ。

この公演《こうえん》に特別な思いでのぞんだのは、ヴァイオリン担当《たんとう》の高校二年生、三浦千奈《みうらちな》さんだ。震災《しんさい》直後、原発事故《じこ》の影響《えいきょう》をおそれ、福島市の自宅《じたく》をはなれて、四年間お母さんの実家のある熊本で避難《ひなん》生活を過《す》ごした。福島市にもどった直後、その熊本も大きな地震《じしん》に見まわれてしまった。福島と熊本でつながれた過去《かこ》から成長した自分の姿《すがた》を、ぴかぴかの熊本城ホールで、はなやかな共演者《きょうえんしゃ》とともに立ついまの自分を、おじいちゃんおばあちゃんに見てもらえる、そう思っていた。

この熊本滞在《たいざい》でも、小中高校生の団員《だんいん》は、熊本ユースの団員宅《だんいんたく》にホームステイをさせてもらうことになった。石抜《いしぬき》さんの家には、ソラがお世話になることになった。顔合わせのあとは、各自ホームステイ先で、熊本でのはじめての夜を過《す》ごした。

ソラは、夕食に熊本名産のあか牛のステーキをいただいたあと、石抜《いしぬき》さんと家族に自分の311の震災《しんさい》体験を話し、また石抜《いしぬき》さんからも熊本地震《じしん》の話を聞いた。一回目の地震《じしん》で家が大きくくずれてしまい、余震《よしん》が続くなか家族で車のなかに避難《ひなん》していたところに二回目の地震《じしん》が来たそうだ。「おかげで家が新築《しんちく》なんだよ」と笑って話してくれた。ソラは宮古島《みやこじま》以来のホームステイにどきどきしていたが、石抜《いしぬき》家のやさしいおもてなしにぐっすりとねむることができた。

二日目の午前中は、地震《じしん》で大きな被害《ひがい》を受けてしまった熊本城の現在《げんざい》の様子を団員《だんいん》で見学した。お城の石垣《いしがき》を組み立てるには、専門《せんもん》の知識《ちしき》と技術《ぎじゅつ》が必要となる。東日本大震災《しんさい》でも、福島県白河《しらかわ》市の小峰《こみね》城も石垣《いしがき》がくずれ落ちていた。しかし、当時の築城《ちくじょう》のノウハウを現代《げんだい》に活かし、いまは無事に元どおりになっている。その小峰《こみね》城での復旧《ふっきゅう》を参考に熊本城の再建が進められていると聞き、一同感心した。熊本と東北の、お城をつうじたつながりを発見した。

本番前には坂本監督《かんとく》がこんなことを語っていた。

「オーケストラ音楽は、どれだけがんばってもひとりではできません。熊本城を築《きず》いたとき、お城の石を大人数で持ちあげたように、みんなで力を合わせて、でもそれはけっして一人ひとりの個性《こせい》を消すことでなくて、個性《こせい》をもちよりながらひとつの音楽をつくる。それがオーケストラ音楽のいいところなんですよ」

夕方からはリハーサル。今回も指揮《しき》をとる柳澤《やなぎさわ》さんは「時間がないですね」と練習前からあせり気味だった。特に今回はふたつのオーケストラを合わせるむずかしさがある。

この年東北ユースオーケストラのコンサートミストレスとなった渡邉真浩《わたなべまひろ》さん（マヒロ）は、コンミスとしての今期初の本番をまえに、気持ちがたかぶっていた。

福島県郡山《こおりやま》市出身で、三歳《さい》からヴァイオリンを習いはじめたマヒロは、東北ユースオーケストラには高校一年生のとき、第一期から入団《にゅうだん》した。入団《にゅうだん》のときに、小学校時代からのヴァイオリンのライバル、伊藤拓也《いとうたくや》くん（タクヤ）に再会《さいかい》した。小学校、中学校と福島県のコンクールでトップを争った学校のコンサートマスターがタクヤだったのだ。

第一期の演奏会《えんそうかい》では、コンマスをタクヤに取られ、くやしい思いをしたので、第二期は思いきって、自分からコンミスに立候補《りっこうほ》した。メイン楽曲であるマーラーの「交響曲《こうきょうきょく》第一番」では、ダブルのソロを左どなりにすわったタクヤと演奏《えんそう》した。

二〇一九年三月の定期演奏会《えんそうかい》では、その年卒団《そつだん》するミムがコンミスとなり、同じく卒団《そつだん》するアカネもふくめたヴァイオリンパート全員、アンコールの「ETUDE《エチュード》」を泣きながら弾《ひ》いた。

東京の音大に入学して二年生となった今期は、ふたたびコンミスとなり、「年下のメンバーを自分がひっぱっていかないと」というリーダーとしての責任感《せきにんかん》が生まれていた。

そのはじめての本番は、坂本監督《かんとく》がずっと願っていた、被災地《ひさいち》の子どもたち同士《どうし》がつながる熊本公演《こうえん》。おたがい震災《しんさい》を味わった身として、思いを共有できたらと思っていた。

マヒロにとって熊本公演《こうえん》の難所《なんしょ》は、はじめての演目《えんもく》であるモーリス・ラヴェルの組曲「マ・メール・ロワ」でのソロだった。前日のリハーサルで、柳澤《やなぎさわ》さんは、ヴァイオリンとソロをかけあうヴィオラのソリストに、熊本ユースの石抜《いしぬき》さんを指名した。本番まで二十四時間しかないのに、初対面同士《どうし》でソロのかけあいができるだろうか、とマヒロは少し心配になった。

一方、石抜《いしぬき》さんはひとつ年下のマヒロの演奏《えんそう》を聞いて、「彼女《かのじょ》のソロについていこう」

と思ったという。リハーサルの休憩時間《きゅうけいじかん》、みんながステージから降《お》りていくなかでも、石抜《いしぬき》さんとマヒロはとなりにすわり、かけあいの練習を重ねた。

「この三連符《さんれんぷ》、おれが早かったですね」

「まだ時間があります。だいじょうぶです」

ここはえんりょせず、わたしがひっぱっていこう、とマヒロは思った。

「わたしは、ヴィオラの音色にふわっと乗るように弾《ひ》くので、石抜《いしぬき》さんは、しっかりささえるように弾《ひ》いてください」


大学三年生の菅野桃香《かんのももか》さん（モモカ）は、熊本公演《こうえん》に東北ユースから参加した唯一《ゆいいつ》のフルート担当《たんとう》だった。

熊本ユースの年下のフルート担当者《たんとうしゃ》たちからは、早くも「モモカねえさん」と呼《よ》ばれていた。彼女たちにしてみると、東京の音大で学ぶモモカは、とてもまぶしい存在《そんざい》だった。

そのなかのひとり、安永真彩《やすながまあや》さんは、熊本地震《じしん》で自宅《じたく》が全壊《ぜんかい》し、自分の家を失ったという。地元の体育館の避難所《ひなんじょ》で三か月を過《す》ごした。

「避難《ひなん》生活のなかで、陸上自衛隊《たい》の音楽隊《たい》がコンサートをひらいてくれたとき、高齢《こうれい》の方が泣いていたんです。なにか響《ひび》くものがあったんでしょう。音楽って大切だな、と思った瞬間《しゅんかん》です」

同じく寺本萌笑《てらもともえ》さんは、熊本地震《じしん》直後、避難所《ひなんじょ》に行けずに車中泊《はく》で過《す》ごしたという。

しかし、モモカの311の体験談は、熊本のフルートパートの想像《そうぞう》をこえていた。家ばかりか、浪江町《なみえまち》という思い出のつまったふるさとをはなれざるを得《え》なかったのだ。

「わたしには音楽があったから、ちょっとずつ元気になれたんだ。みんなも演奏《えんそう》することで、少しでも心のささえになるんじゃないかな」

そういって笑うモモカねえさんは、彼女《かのじょ》たちにとってみれば、音楽以外のことも教えてくれる先生のようだった。

当日、十二月二十五日の朝のリハーサル。

マヒロと石抜《いしぬき》さんのソロのかけあいの練習は、柳澤《やなぎさわ》さんもつきっきりになり、ランチタイムや休憩《きゅうけい》時間にも続いていた。直前の通しのリハーサルで失敗《しっぱい》したマヒロは、プレッシャーでおしつぶされそうになっている。

フルートパートも、熊本ユースのメンバーがはじめての大ホールでの演奏《えんそう》、さらに坂本監督《かんとく》との初共演《きょうえん》に緊張《きんちょう》が止まらないようだ。ならばと、二歳《さい》年上のモモカねえさんが、みんなを坂本監督《かんとく》の楽屋に連れていった。

「ぼくだって緊張《きんちょう》しますよ」

楽屋から出てきた坂本監督《かんとく》は、いつもと変わらない笑顔でむかえてくれた。

「東北ユースの子たちは本番に強いし、きみたちもだいじょうぶ。楽しくやりましょう」

そのひと言で、みんなの緊張《きんちょう》がほぐれたようだ。


お客さんで満員になった熊本城ホール。

「マ・メール・ロワ」の演奏《えんそう》がはじまった。

第三楽章の冒頭《ぼうとう》、モモカはピッコロのソロを軽快《けいかい》に奏《かな》で、熊本ユースのフルートたちがそれに続く。必死だけどどこか楽しそうだ。

ヴァイオリンとヴィオラのソロパートが近づくと、石抜《いしぬき》さんはマヒロを見た。マヒロがうなずき、石抜《いしぬき》さんも笑顔でこたえた。リハーサルでは鳴りが悪かったマヒロのヴァイオリンが、会場全体にのびやかな響《ひび》きを行きわたらせ、低音のヴィオラとの極上《ごくじょう》のハーモニーを奏《かな》でた。

「Merry Christmas Mr. Lawrence《メリークリスマスミスターローレンス》」では、出だしの坂本監督《かんとく》のピアノに拍手《はくしゅ》が起こり、アンコールの「ETUDE《エチュード》」は笑顔と大きな手拍手《てびょうし》につつまれた。

終演後《しゅうえんご》、コントラバスのカリンは舞台袖《ぶたいそで》に下がろうとして、同じコントラバスの熊本ユースの高校生の女の子が、反対の下手《しもて》の舞台袖《ぶたいそで》にむかうのをふしぎに思った。コントラバスは舞台《ぶたい》の上手《かみて》側に近いので、ふつうそちらにはけるからだ。

その女の子、福田凪佐《ふくだなぎさ》さんは、熊本地震《じしん》で自宅《じたく》が住めない状態《じょうたい》になり、祖母《そぼ》の家に避難《ひなん》していたという。「大きな災害《さいがい》を受けた地域《ちいき》の者同士《どうし》で手を取って、なにかひとつの物事をやりとげたい」と、今回の共演《きょうえん》を楽しみにしていた。そしてぐうぜんにも、コンサートの一週間前、歴史《れきし》の教科書に坂本監督《かんとく》の名前を見つけた。中国の清《しん》朝の最後の皇帝《こうてい》をえがいた映画《えいが》『ラストエンペラー』を紹介《しょうかい》するくだりだ。さらに、リハーサルで聞いた「Merry Christmas Mr. Lawrence《メリークリスマスミスターローレンス》」のピアノ演奏《えんそう》に、「自分もピアノで弾《ひ》いたことのある曲だけど、自分の音とぜんぜんちがう、なんであんなにやわらかくピアノが弾《ひ》けるのか」と感動したそうだ。

なぜ福田さんがこのとき下手《しもて》側にむかったかというと、下手《しもて》側にはける坂本監督《かんとく》を追いかけたのだ。実は東北ユースの公演《こうえん》では終演後《しゅうえんご》、下手《しもて》側の舞台袖《ぶたいそで》で坂本監督《かんとく》とハイタッチをするのが恒例《こうれい》になっていた。

歴史《れきし》の教科書にのっている、「Merry Christmas《メリークリスマス》 Mr.《ミスター》 Lawrence《ローレンス》」の作曲家とクリスマスにハイタッチ。あまりにうれしくて、また舞台《ぶたい》にもどって列の後ろにならんだ。坂本監督《かんとく》は気づいて笑ってくれて、柳澤《やなぎさわ》さんにも「あれ、きみ、さっき通らなかった？　ハイタッチ、二回目だよね」といわれてしまった。

そんな光景を見守る吉永小百合《よしながさゆり》さんの姿《すがた》が、熊本城ホールにもあった。第一回から毎回、坂本監督《かんとく》とテーマを決め、東北ユースオーケストラの弦《げん》楽器の演奏《えんそう》に合わせて朗読《ろうどく》する詩を選んでいる。この日は地元熊本出身の石牟礼道子《いしむれみちこ》さんと福島の詩人・和合亮一《わごうりょういち》さんの詩だ。石牟礼《いしむれ》さんは、工場廃水《はいすい》の水銀が引きおこした水俣病《みなまたびょう》をえがいた作品でデビューした作家だ。吉永《よしなが》さんには、弱い立場にいる人たち、声を出せずにこまっている人たちへの深い心配りがあるのだ。

坂本監督《かんとく》の「朗読《ろうどく》も音楽です」の言葉にこたえ、楽器のように思いをこめて演奏《えんそう》するという気持ちも大事にしているという。本番の出番直前の舞台袖《ぶたいそで》で、集中してはりつめた様子の吉永《よしなが》さんに、こちらが緊張《きんちょう》してしまうくらいだ。大ベテランの俳優《はいゆう》さんだからこそ、本番でいちばんの成果《せいか》を出すことへの強い執念《しゅうねん》を感じる。

そして、自分の出番がおわっても、子どもたちの演奏《えんそう》を聞き、アンコールをおえた団《だん》員《いん》を笑顔でむかえてくれる。もう四年の月日がたっているから、「ああ、みんな成長しているな」としみじみ感じているそうだ。

「みんないろいろな思いをかかえながらやっているんでしょう。わたし自身は若《わか》いころから仕事にめぐまれ、いままでやってこられたことを幸運なことだと思っています。だからこそ、たいへんな思いをされている方々に、わたしなりのサポートをしていきたいのです」

団員《だんいん》がいつも共演《きょうえん》のお礼におくっているよせ書きのノートに「TYOのおかあさん」という言葉を見つけほほえむ吉永《よしなが》さん。これまでたまった四冊。毎年ふえていくのを楽しみにしてくれているそうだ。


今回のステージを、熊本に暮《く》らす祖父母《そふぼ》に見せることができた三浦千奈《みうらちな》さんは、終演《しゅうえん》後、ふたりからこんなことをいってもらったそうだ。

「千奈《ちな》にとって、小学三年生から四年間過《す》ごした熊本は、第二の故郷《こきょう》。その熊本で、同じように震災《しんさい》を経験《けいけん》した子どもたちといっしょに演奏《えんそう》する姿《すがた》に感動したよ」

終演《しゅうえん》後の打ち上げ会場で、熊本、東北のメンバーがまざって笑いあうなか、いずれ大学に進学するときは、熊本と福島、どちらかに行くのもいいかな、と思いはじめていた。

フルートパートは、しみじみとおたがいをたたえあった。モモカが、

「三日間しかいっしょにいなかったけど、ずっとまえから友だちだったみたいだよ。これからなかなか会えないと思うとさびしいな」

というと、熊本ユースのメンバーも、

「わたしたちが、東北に行きます。またモモカねえさんといっしょに吹《ふ》きたいな」

とこたえ、「モモカねえさんへ」と書かれたよせ書きと、熊本のご当地キャラクター「くまモン」のぬいぐるみ、クッキーがわたされた。

マヒロと石抜《いしぬき》さんは、打ち上げ会場のまん中に置かれたクリスマスツリーの前で、二日間でいちばんうまくいった本番の演奏《えんそう》について語りあっていた。話題はいつしか将来《しょうらい》のことにうつった。石抜《いしぬき》さんは工学部に所属《しょぞく》する大学三年生で、来年は研究や就職《しゅうしょく》活動でいそがしくなるので、熊本ユースの活動との両立がむずかしくなりそうだという。マヒロは大学を卒業したあと、プロの演奏家《えんそうか》になるという夢《ゆめ》を語った。

「いまのうちに、マヒロさんのサインをもらっておこうかな。ステージは見に行くよ」

「熊本と福島は距離《きょり》がはなれているけど、いつかまたいっしょに演奏《えんそう》したいですね」

クリスマスツリーをバックに、ふたりで記念のツーショットを撮《と》った。ひたすら楽器の

上達に夢中《むちゅう》になって、ライバルに追いつき、追いこすことばかりを考えていたマヒロは、楽器をつうじて人とつながれることを楽しむ、新しい自分を見つけていた。

東日本大震災《しんさい》をきっかけに生まれたつながりで音をつむいできた、東北ユースオーケストラ。311から八年以上たったいまでも、日本では地震《じしん》や豪雨《ごうう》の自然災害《さいがい》が続いていた。そのひとつ、熊本地震《じしん》を経験《けいけん》した、同じく楽器を演奏《えんそう》する同世代と出会うことができた。

熊本で被災《ひさい》したおおぜいの人を前に、心をこめて演奏《えんそう》をする。その目的のため、たった三日間で、自分たちが奏《かな》でる音をつうじて心を通わせることができた。ままならぬ自然の圧《あっ》倒《とう》的な力を受けて、ささやかながら人間ができること。おそらく地震《じしん》にあうことがなければ、きっと出会うこともなかった人と人のつながりから、新しい響《ひび》きを生むことができた。

熊本の地で東北ユースオーケストラの音が、ついに東北をこえて響《ひび》いたのだった。

未来につながる

年が明けて、二〇二〇年一月。

ついに坂本監督《かんとく》から五年ごしの約束、東北ユースオーケストラのための新作のスコアがとどいた。タイトルは、「いま時間が傾《かたむ》いて」。

東北ユースオーケストラの編成《へんせい》を考え、管楽器と打楽器が変拍子《へんびょうし》でリズミカルに活躍《かつやく》しながら、最後は慰霊《いれい》の祈《いの》りへとつながる展開《てんかい》だという。楽譜《がくふ》どおりに弾《ひ》けばいいだけではなく、とちゅう、演奏者《えんそうしゃ》自身になにを表現《ひょうげん》したいのか感じさせ、考えさせ、問いかけるパートがある。つまり、演奏者《えんそうしゃ》全員が即興演奏《そっきょうえんそう》をする部分がある。ということは、演奏《えんそう》するごとに曲が変わってしまうということだ。演奏《えんそう》の機会《きかい》ごとに、演奏者《えんそうしゃ》が変わるごとに、曲は変化する。まるで自然の内に生きる人間のようだ。ひとつのスコアのなかに多様性《せい》がある。同じ曲であってもまったく同じように再現《さいげん》ができない曲になっている。

しかし坂本監督《かんとく》には、東北ユースオーケストラの子どもたちだからこそ実現《じつげん》できる、ひとつの音のイメージがある。それは、東北の冬の空の色、少しくもった、グレーのとてもきれいな色調の空のような音だという。つまり、演奏《えんそう》は多様性《せい》にとむのだけれど、そのベースにあるのはひとつの音色なのだ。

日本全国の被災地《ひさいち》から編成《へんせい》される、第九の「つながる合唱団《だん》」の練習も各地で進むなか、中国の武漢《ぶかん》で発生した新型《しんがた》コロナウイルスのニュースを連日目にするようになっていた。横浜《よこはま》に着岸したクルーズ船での流行の情報《じょうほう》は、まだこのときは対岸の火事だった。二月下旬《げじゅん》には感染拡大《かんせんかくだい》は落ちつくだろうという楽観的な見方もあった。しかし、人類がはじめて対面するウイルスは、そんなにかんたんな相手ではなさそうだった。

坂本監督《かんとく》はじめ、一般社団《いっぱんしゃだん》法人東北ユースオーケストラの理事メンバー、東京と福島の事務局《じむきょく》で話しあい、「三月の定期演奏会《えんそうかい》は中止にしよう」という決断《けつだん》にいたった。

団員《だんいん》、そして全国の合唱参加者には、言葉にできないほどのショックをあたえてしまうだろうが、世の中は日々刻々《こくこく》と変化していた。

二月二十六日、日本政府は今後二週間のイベントを中止、延期《えんき》または規模縮小《きぼしゅくしょう》などの対応《たいおう》をするようにと要請《ようせい》を発表した。二〇二〇年の第五回演奏会《えんそうかい》は、三月二十七日から二十九日の三日間を予定していた。政府の自粛要請《じしゅくようせい》期間の先の日程《にってい》ではあるが、もはや迷《まよ》っていられなかった。

「東北ユースオーケストラ演奏会《えんそうかい》2020　中止のお知らせ」

このたび東北ユースオーケストラ演奏会《えんそうかい》2020の開催《かいさい》（東京、福島での3公演《こうえん》）を中止する運びとなりましたことをお知らせいたします。

国内感染者《かんせんしゃ》の確認《かくにん》当初から注視《ちゅうし》していた新型《しんがた》コロナウイルス（COVID-19《コービッド》）の拡大経緯《けいい》を鑑《かんが》みるに、開催《かいさい》予定時期に東北からの団員《だんいん》のみならず、全国十道県からの老若男女《ろうにゃくなんにょ》で編成《へんせい》された合唱団《だん》の移動《いどう》、また約二〇〇〇名規模《きぼ》のコンサートホールでの二時間半の鑑《かん》賞《しょう》が引き起こす感染拡大《かんせんかくだい》リスクを過小評価《かしょうひょうか》できないと判断《はんだん》した結果です。

今回の五回目となる演奏会《えんそうかい》に向けて、坂本龍一《りゅういち》代表・監督《かんとく》はじめ一般社団《いっぱんしゃだん》法人東北ユースオーケストラとして特別な想いを持って準備《じゅんび》を進めてきました。

東京と福島を代表する晴れ舞台《ぶたい》を目指し練習を積み重ねてきたみなさんの熱い気持ちを止めることは決してしたくはありませんでした。しかしながら慎重《しんちょう》に関係者との対話を重ねた上で、このような判断《はんだん》に達し、このタイミングでお知らせするという苦渋《くじゅう》の過程《かてい》を経《へ》ました。

今年卒団《そつだん》する団員《だんいん》のみなさん、今年しか参加できない合唱団《だん》のみなさんの心境《しんきょう》を察するにいたたまれない同情《どうじょう》の念しかありません。もし可能《かのう》ならつぎの機会があれば同じステージに乗っていただきたいと考えています。

どうかみなさん日々の予防《よぼう》にご留意《りゅうい》の上、抵抗力《ていこうりょく》、免疫力《めんえきりょく》を高めて、この災害《さいがい》を乗《の》り越《こ》えましょう。
またともに音楽を奏《かな》で、唄《うた》うことができる日を心待ちにしています。

二〇二〇年三月六日
一般社団法人《いっぱんしゃだんほうじん》東北ユースオーケストラ事務局《じむきょく》

この知らせを受けとり、やはり団員《だんいん》はひどく悲しんだ。とくに東京の二公演《こうえん》は、サントリーホールと東京芸術劇場《げいじゅつげきじょう》という、はじめての大舞台《ぶたい》を予定していたのだ。楽しみにしていた団員《だんいん》も多かった。

そして、もうひとつ、定期演奏会《えんそうかい》がなくなったことで、できなくなったことがある。毎年の演奏会終了《えんそうかいしゅうりょう》後に行っていた「卒団《そつだん》生セレモニー」だ。

東北ユースオーケストラの活動は四月から三月で一期となるため、三月の演奏会《えんそうかい》が大学四年生たちの卒団《そつだん》のタイミングとなるのだ。これは、団員《だんいん》たちや坂本監督《かんとく》、柳澤《やなぎさわ》さん、事務局《じむきょく》スタッフにとって大切な行事だった。今期をしめくくり、卒団《そつだん》生を見おくる機会をなんとかつくりたい。

そこで考えたのが、福島公演《こうえん》を行うはずだった三月二十九日に、ビデオ会議ツールを利用した「リモート卒団式《そつだんしき》」の実施《じっし》だ。大学を卒業し、社会人になる五名のための式であり、五名を送りだす団員《だんいん》全員のための式でもある。リモートだとしても、卒団《そつだん》式らしい伝統《でんとう》的なスタイルにこだわった。

この日、わたしがパソコンを立ちあげると、すでに画面にはなつかしい顔ぶれがならんでいた。

「詩織《しおり》ちゃん、ひさしぶり」

今年卒団《そつだん》する前期のキャプテン、ホルンの磯貝雛子《いそがいひなこ》さん（ヒナコ）が、今期のキャプテン、同じくホルンの田嶋詩織《たじましおり》さん（シオリ）に声をかける。

東京は雪が降《ふ》っている。リモートでつながっているいわきも、郡山《こおりやま》も雪景色だそうだ。

このリモート卒団《そつだん》式には、現役《げんえき》一〇五名の団員《だんいん》のみならず、OBOGにも声をかけていた。参加者が七十名をこえたあたりで、わたしは進行役として、

「みなさん、ごぶさたしています。手洗《あら》いしてますか？」

と式をスタートさせた。

まずは卒団《そつだん》生五名の紹介《しょうかい》から。

「『ダンディ』こと阿部秀捷《あべひでとし》くん、チェロ。東北ユースオーケストラいちばんの思い出は？」

「毎年の直前合宿です。みんなドタバタして、スケジュールもつまっていて、そんないそがしい雰囲気《ふんいき》のなかで、ひとつの演奏会《えんそうかい》をつくろうとしている。それが印象《いんしょう》的でしたね」

「ダンディは、カメラ担当《たんとう》としてもみんなの姿《すがた》を記録に残してくれました。卒業おめでとう」

ダンディは、石巻《いしのまき》の復興住宅《ふっこうじゅうたく》での防災《ぼうさい》ワークショップに参加したとき、人間がもっと減災《げんさい》の力になれるはずだ、自分も災害《さいがい》時に役に立てる仕事がしたいと強く思い、四月からは社会インフラ系《けい》の企業《きぎょう》で働くことになっている。

続いて、ヒナコ、大波さくらさん（トロンボーン）、狩野諒也《かのりょうや》くん（ホルン）、筒井温之《つついはるゆき》くん（トロンボーン）と紹介《しょうかい》していく。在団《ざいだん》中の思い出は、「夏合宿」「有志《ゆうし》の活動」「とにかくすべてが楽しかった」「さまざまな人との縁《えん》」など、東北ユースオーケストラならではの体験を語ってくれた。

つぎに、事務局《じむきょく》のおとなたちから、はなむけの言葉がおくられた。まずは一般社団法人《いっぱんしゃだんほうじん》東北ユースオーケストラの代表理事である押木正人《おしきまさと》さん。押木《おしき》さんはヤマハの社員として、「こどもの音楽再生基金《さいせいききん》」の立ち上げ時からかかわってもらっている。当時はヤマハの営《えい》業《ぎょう》企画部長《きかく》だったが、いまでは株式会社《かぶしき》ヤマハミュージックジャパンの代表取締役《とりしまり》だ。

「二〇一一年の三月に発生した、東日本大震災《しんさい》の復興《ふっこう》のために立ちあがった東北ユースオーケストラの活動が、今回はコロナウイルスという目に見えない脅威《きょうい》にさらされて、ここまで練習をしてきた成果《せいか》である三つのコンサートができなくなってしまったこと、ほんとうに残念に思っています。

在団《ざいだん》のみなさん、今日は笑顔で出てきてくれているけれど、どんな思いでこの日をむかえたかと思うと、こらえられない気持ちです。

これまで東日本大震災《しんさい》を乗りこえてきたみなさんだから、この一年間努力したことがこんな形でおわるくやしさをバネにして、明日にむかう力に変えていってほしいと思っています」

続いて、坂本龍一監督《りゅういちかんとく》の祝辞だ。

「今日のこの時間、福島で公演《こうえん》をしているはずでしたよね。ほんとうに残念です。早くこの活動を再開《さいかい》できる日が来ればいいと思っています。

卒業する五名のみなさん、おめでとうございます。

これまで貴重《きちょう》な経験《けいけん》をしたと思うので、ぜひここで得《え》た経験《けいけん》を、これからの長い人生に生かしてほしい。そして、音楽をずっとわすれないで生きていってほしいです。

第九はもちろん、五年かかってやっとできたぼくの新曲を、みんなが演奏《えんそう》しているのを聞けなかったこともとても残念です。

来年二〇二一年は震災《しんさい》から十年なので、実現《じつげん》できればと願っていますので、卒業する五人も聞きに来てほしい。時間が合えばぜひいっしょに参加してください。

将来歴史的《しょうらいれきし》な事件になるであろう、この二〇二〇年、いまのこの時間をみなさんが生きていることはほんとうに特別なことだと思うので、地球的な視野《しや》からこのことを考えて、むだに過《す》ごしてほしくない。どうやって生きるべきか考えて、豊《ゆた》かな人生を送ってほしいと思います」

指揮者《しきしゃ》の柳澤寿男《やなぎさわとしお》さんからは、こんな言葉がおくられた。

「第五期東北ユースオーケストラ卒団《そつだん》生のみなさん、卒団《そつだん》おめでとうございます。直接《ちょくせつ》みなさんにお会いできないことをほんとうにさびしく思っています。我々《われわれ》の原点である東日本大震災《しんさい》に続いて、これもまた我々《われわれ》の世代が体験する、人類史上《しじょう》最大級の危機《きき》かと思っています。

合奏《がっそう》のときに何度もお伝えしたように、オーケストラは共同作業です。一人ひとりが責任《せきにん》を果たさないと成立しません。世代をこえてつちかった東北ユースオーケストラの活動が、みなさんが社会に出たときに少しでも役に立つことを願っています。

会社や組織《そしき》で見知らぬ人たちと、世代をこえて協調していくことはとてもたいへんだと思います。わたし自身も国内・海外で、その場に協調していくことに苦労《くろう》し、なやみぬいた時期もありました。

そんなときは音楽を聞いてみてください。心おだやかに、冷静さを取りもどしてみてください。それから、東北ユースオーケストラのメンバーや、おとなたちにもぜひ相談してみてください。我々《われわれ》はいつでも東北ユースオーケストラにいます。

いつかみなさんと会える日を、そしていっしょにハーモニーを奏《かな》でられる日があることを楽しみにしています」

そして、第五期のキャプテン・シオリからの送辞が続いた。

「卒団《そつだん》されるみなさま、卒団《そつだん》、そしてご卒業おめでとうございます。

今回取り組んだ第九も、坂本監督《かんとく》が一年前から被災地《ひさいち》をつなぐ演奏会《えんそうかい》の開催《かいさい》を大きくかかげ、実現《じつげん》できるのかという不安を感じたこともありました。しかし五期の活動がはじまり、メキメキと成長し、いままでにはないくらいの速さで完成が見えました。

また東北ユースオーケストラの特色でもある世代の広さをこえ、交流を深める姿《すがた》を目の当たりにし、東北ユースオーケストラのあるべき姿《すがた》を強く実感しました。

このように東北ユースオーケストラが成長できたのも、みなさんがいままでの経験《けいけん》を生かし年長者として見守り、ささえてくださったからこそです。

わたしたちもみなさんの姿《すがた》をわすれず、今後の東北ユースオーケストラの活動が充実《じゅうじつ》したものになるよう努力してまいります。

本番は中止になってしまいましたが、みなさんとひとつの目標にむかってがんばったことや、全員で楽しく活動できたという事実は、けっしてなくならないと思います。

またみなさんとともに、五期のメンバーでの演奏《えんそう》が実現《じつげん》できることを心待ちにしております」

それに、前キャプテン・ヒナコの答辞がこたえた。

「東北ユースオーケストラの活動のなかで特に印象《いんしょう》に残っているのは、有志演奏会《ゆうしえんそうかい》です。地元の会津若松《あいづわかまつ》市以外の、写真やテレビでしか見たことがなかった被災地《ひさいち》の様子を見て、東北の今を知ることができました。悲しいことがあったにもかかわらず前を見て進んでいく方々を見て、わたしも日常《にちじょう》があるということに感謝《かんしゃ》して日々を過《す》ごしたいと、強く思いました。

ときには、音楽性《せい》のすれちがいで衝突《しょうとつ》しあうこともありましたね。でもそれは、いま思えば、音楽に対して全力でぶつかっていたからなのだと思います。みなさんの熱い思いと柳澤《やなぎさわ》さんのご指導《しどう》があったから、いままでの演奏会《えんそうかい》はエネルギーにあふれ、人の心を動かしていたのだと感じます。

そして、わたしはこの東北ユースオーケストラで得《え》た宝物《たからもの》があります。それは友だちです。

わたしたちは、東北ユースオーケストラがなければ、おそらく出会うことはなかったでしょう。毎月の練習、直前合宿、東京公演《こうえん》、地方公演《こうえん》は一生わすれられません。坂本龍《りゅう》一監督《いちかんとく》をかこみ、みんなでバーベキューをしたことはほんとうに大切な思い出です。

今年はコロナウイルスによって残念ながら本番がなくなってしまい、くやしい涙《なみだ》を流しました。来年はこの事態《じたい》がおさまり、演奏会《えんそうかい》ができてほしいと祈《いの》っております。そのときはぜひお手伝いに行かせてくださいね。

これからわたしたちは、それぞれの進路にむかって一歩一歩、自分の足で歩いていきます。もしこの先大きな壁《かべ》にぶつかったとしても、この東北ユースオーケストラで得《え》た多くの思い出、学び、誇《ほこ》りを人生の糧《かて》とし力強く生きていきます。ほんとうにありがとうございました」

それぞれの言葉を聞きながら、たくさんの思い出がよみがえり、思わず目頭が熱くなった。

「リモート卒団式《そつだんしき》」は、そのまま「リモート懇親会《こんしんかい》」にうつった。まずは坂本監督《かんとく》の乾杯《かんぱい》の発声から。八〇名ほどのリモート乾杯《かんぱい》だ。

「お、ソウタくんもいるね」

福島事務局《じむきょく》の画面には、五年前に宮古島《みやこじま》の海水を飲んで絶叫《ぜっきょう》したソウタの姿《すがた》があった。小学四年生になり、第五期から個性派《こせいは》ぞろいのヴィオラパートに入団《にゅうだん》してきていた。年月を感じる。

東北ユースオーケストラの「卒団《そつだん》」は、大学卒業のために団《だん》を卒業《そつぎょう》することを意味している。しかしそれ以外にも、学業がいそがしくなるため、いったん団《だん》の活動を休止する人もいる。

「カリンさん、四月から大学六年生になり、勉強でいそがしくなるので団《だん》をはなれると聞いています。いまは、いわきから？」

「はい。国家試験の勉強でいそがしいので、続けたいのですが、むずかしいかな。でも、今年できなかった演奏会《えんそうかい》が来年できるなら、ぜったいに参加したい！」

活動休止を考えていた人も、今回の中止が心残りで、やっぱり続けたいという声がいくつもとどいていた。

エイジュンの顔が見えた。

「そうだ、エイジュンくん、大学合格《ごうかく》おめでとう！」

「すごい！」「カッコいい！」と拍手《はくしゅ》と歓声《かんせい》があがる。

「あ、みんな知っているんだ。坂本監督《かんとく》の大学学科の後輩《こうはい》になるんだよね」

この春、エイジュンは、第一志望《しぼう》の東京藝術《げいじゅつ》大学音楽学部作曲科にみごと合格《ごうかく》していた。

「福島の新聞ふたつから取材を受けて、合格《ごうかく》したことが記事になりました」

「これはもう、ますます作曲してもらわないと」

先輩《せんぱい》の坂本監督《かんとく》からも、やさしい激励《げきれい》があった。

「これまでも毎年開演《かいえん》前のファンファーレの作曲をしてもらっていましたね。これからは『いま時間が傾《かたむ》いて』に続く、東北ユースのためのもっと長い曲を書いてくださいよ」

と、さりげなく大きな依頼《いらい》を受けていた。

「春から大学生といえば、パーカッションの三浦瑞穂《みうらみずほ》さんも志望《しぼう》校に合格《ごうかく》したんだって？」

また、みんなの「おめでとう」と拍手《はくしゅ》があふれた。

「福島大学の芸術《げいじゅつ》・表現《ひょうげん》コースの音楽に行きます」

ミズホも笑顔で答える。

「音楽の道に進むんだね。やっぱり、東北ユースオーケストラがきっかけ？」

「そうですね。東北ユースの福島大学の先輩《せんぱい》を見て、自分も音楽を教える先生になりたいと思ったんです」

ＯＢＯＧの顔も見えた。

「ミムさんとアカネさんがいるね」

小がらなミムがはずかしそうにおじぎをした。そんなミムをフォローするように、親友の元キャプテン・アカネが話しはじめた。

「演奏会《えんそうかい》ができなくなっちゃって、ほんとに悲しいよね。でも、みんながんばったことは変わらないので、来年、実現《じつげん》できることを願っています」

最後に、これまた毎年の演奏会《えんそうかい》の全日程終了《にっていしゅうりょう》時の恒例《こうれい》である、坂本監督《かんとく》による五本じ

（左）本番直前までソロパートを練習する、マヒロと石抜《いしぬき》さん。（下）できたばかりの美しい熊本城ホールで、リハーサルを行う。

すっかりなかよくなり、再《さい》会《かい》を誓《ちか》いあったフルートパート。

第５期の定期演奏会《えんそうかい》が行われるはずだった３月29日、卒団《そつだん》生を送るリモート卒団《そつだん》式が行われた。画面のなかの全員が、また演奏《えんそう》会《かい》が行われることをねがい、エールをおくりあった。

めを行った。画面上のみんなの手拍子《てびょうし》はリモートのせいでバラバラだったが、それさえも坂本監督《かんとく》は楽しんでいるようだった。

「またみんなで、元気に会いましょう！」

思えば、東日本大震災《しんさい》という大きな自然の威力《いりょく》を見せつけられた天災《てんさい》と、それが引き起こした人災《じんさい》からの復興《ふっこう》のためにはじまった東北ユースオーケストラ。今度は、人間が野生動物のすみかである自然をこわしたことに端《たん》を発し、野生動物との過度《かど》な接触《せっしょく》が原因《げんいん》で生じるウイルスの感染症《かんせんしょう》という文明の病によって、二〇二〇年の節目となる演奏会《えんそうかい》を中止に追いこまれたのは、皮肉《ひにく》としかいいようがない。

このコロナ禍《か》は、地球上の人類に降《ふ》りかかった災《わざわ》いとして、東日本大震災《しんさい》をこえる広がりで、人間に問い直しをせまっているように思える。いま、自然と人間の関係とは？ あらためて人間は自然にはかなわないと思い知らされた。とても人間の意思であやつれるものではない。人間は自然と対決したり、やすやすと乗りこえたりなど、できようもない。

しかし、自然災害《さいがい》には防災《ぼうさい》や減災《げんさい》、疫病《えきびょう》には生活習慣《しゅうかん》の変化や医療《いりょう》技術《ぎじゅつ》という、人間の創意《そうい》工夫や助けあいによって、自然とともに生き、自然のなかで生きることはできる。

坂本監督《かんとく》は、二〇一二年の一月に「津波《つなみ》ピアノ」を弾《ひ》いたとき、「もともと木と鉄の弦《げん》から組みたてられた人工物であるピアノが、津波《つなみ》によって人間の縛《しば》りから解《と》きはなたれ、もとの自然の姿《すがた》にもどったかのようにも聞こえた」と語っている。人間は自然の大いなる力を受けとめ、感じ、表現《ひょうげん》へと高めることはできる。

「震災《しんさい》から十年過《す》ぎて、世界中を新型《しんがた》コロナウイルスがおそったあと、東北ユースオーケストラがなぜあるのかとこの先問われたら、『東北だから』『災害《さいがい》があったから』ということは通用しない。やはり『音楽性《せい》』がなければならない。このオーケストラの音、演奏《えんそう》する音楽に存在意義《そんざいいぎ》があるものになるよう、毎年のように少しずつ新しい曲に挑戦《ちょうせん》して、より強く高めていくことが、ぼくの役割《やくわり》だと思っています」

今回、世界初演《しょえん》がかなわなかった新作「いま時間が傾《かたむ》いて」。このタイトルは、十九世《せい》紀《き》に生まれたドイツの詩人、ライナー・マリア・リルケの『時祷詩集《じとうししゅう》』の冒頭《ぼうとう》からとられたものだ。「時祷《じとう》」とは、キリスト教徒が毎日同じ時間に神に祈《いの》りをささげることを指す。

「時間は傾《かたむ》いてわたしに触《ふ》れる、

澄《す》んだ、金属《きんぞく》的な響《ひび》きを立てて。

わたしの感覚がふるえる。わたしは感じる、わたしにはできると――

そしてわたしは造形《ぞうけい》的な日をつかむ」（訳：尾崎喜八《おざききはち》）

自分の意識《いしき》のなかの「時間」というものを見つめる。「いま」がただ流れていくだけだ。過去《かこ》はいまからは変えられない。

音楽の体験も似《に》ている。音楽が自分の意識《いしき》にそって流れていくことを味わう。生身の音楽体験は、早送りもまきもどしも一時停止《ていし》もできない。まったく同じ演奏《えんそう》を、ふたたびすることもできない。

音楽とは、その日、そのとき、いま、ここで立ちあがってくる体験なのだ。


人間は五官という感覚器で、音だけでなく、自然のなかのすべてを受けとめることができる。

ならば人間は、音によって自然と共鳴できるのかもしれない。

音をつうじて、人間と人間がつながれた。だから、人間と自然も、きっとつながれる。

人間と人間をつなげたオーケストラの音楽が、たくさんの希望をもたらしたように。

どうしようもない自然の力に翻弄《ほんろう》されながらも、わたしたちはいまを生きるしかない。

しかし、「いまのちょっと先」を動かすことはできるはずだ。そうすれば未来を変えることができるのかもしれない。

時間が傾《かたむ》いた先で、「わたし」は「ちがうわたし」と出会えるのかもしれない。

未来を引きよせれば、わたしたちは、そしてわたしたちと自然は、きっと響《ひび》きあえる。

東北ユースオーケストラが、自然のなかで、人と人とが織《お》りなす「歓喜《かんき》の歌」を響《ひび》かせる、「無限《むげん》の未来」をわたしは待っている。

響《ひび》け、希望の音。

未来は無限《むげん》にひらかれている。

コーダ ～「津《つ》波《なみ》ピアノ」のその後

2011年の年末に宮城県農業高等学校の大掃除《そうじ》で捨《す》てられるはずだった粗大《そだい》ゴミが、2017年に芸術《げいじゅつ》作品に生まれ変わった。坂本龍一《りゅういち》さんの8年ぶりのニューアルバム『async《アシンク》』に収録《しゅうろく》された「ZURE《ズレ》」という楽曲で、坂本さんがこのピアノにはじめてふれたときの音が使われた。そして、「津波《つなみ》ピアノ」として当時の姿《すがた》をできるだけそのままに、世界各地の地震《じしん》の観測《かんそく》データを音楽データに置《お》き換《か》え、自動演奏《えんそう》するインスタレーション作品として、2017年12月から3か月間、東京にあるミュージアムNTTインターコミュニケーション・センター[ICC]で一般《いっぱん》公開された。今後も国内外での展示《てんじ》が計画されている。

あとがき

未来は、ふいにやってくる。

ほんのちょっとした、たまたまの出会いが、運命の向きをひとひねりする。その偶然性を味方につけよう。本書の成り立ちは、そのシンプルなメッセージを体現しているとも言える。

十年前にまさかこんな未来が用意されているとは思わなかった。ニューヨークで坂本さんから受け取った想いを、当時ヤマハにお勤めだった田中重徳さんに相談したことからすべてははじまった。LUCERNE FESTIVAL ARK NOVAでの東北ユースオーケストラ誕生を誰よりも驚き、喜んでくれた重徳さん。さまざまな人、企業、団体のあたたかい気持ちが重なり、東日本大震災直後からのこのプロジェクトが発展を続けている。今は亡き田中重徳さんに本書を捧げるとともに、あらためてご支援をいただいた皆様には厚く御礼を申し上げたい。

これまでオーケストラを育ててこられたのは、オケの立ち上げからともに邁進した東京事務局の面々とのチームワークの賜物であった。テクニカルディレクターとして演奏面を力強くリードした飯島則充さん、「TYOのお姉さん」として団員とむきあってきた岡田直美さん、そして、会社の後輩であるふたり。事務のプロとしてささえてくれた宮川裕くん、二〇一九年から盛岡市出身のフルート奏者としてサポートしてくれた、熊谷歌奈江さん。運営を円滑に進めるご助力をいただいた須賀雅子さん、湯田麻衣さん。

一年前に久留島武彦賞の授賞式後にフレーベル館の方にお声がけいただかなければ、この本は生まれなかった。今回あらためてリモート取材におうじてもらった約二十名の言葉からこの本は生まれた。さらに、たまたま我が家には今年小学六年生がいた。本人の刺激になればと、折にふれ東北ユースオーケストラの練習の場に自費で参加させていたものだから、実はわたし以上に団員のことをよく知っていたりもする。この娘きひろを最初の読者にと思うことがなかったら、この本は書かれなかっただろう。加えて、執筆をささえてくれた妻の真季、五歳の和真、ときどき邪魔をしてくれた愛猫プラトンにも感謝の意を表したい。わたしから生まれ出づる言葉は、母の田中瑞子からさずかった。読みたいとせがむ子に本をあたえてくれたからこそ、この本は書くことができた。ありがとう。

一〇〇年後の未来の読者にも手に取ってもらえることを待ち望みながら、すべての関係者に深謝申し上げます。

■第1期　2015年度
第1回定期演奏会
2016年
3月26日（土）
東京オペラシティ
コンサートホール

演目——坂本龍一——映画『ラストエンペラー』より
　ラストエンペラー　テーマ
坂本龍一——映画『母と暮せば』より「母と暮せば」　タイトル
ガーシュイン——ラプソディ・イン・ブルー
チャイコフスキー——交響曲第5番　ホ単調　作品64

出演——**演奏**　東北ユースオーケストラ
音楽監督・ピアノ　坂本龍一
指揮　柳澤寿男
ピアノ　山下洋輔
朗読　吉永小百合
コンサートマスター　伊藤拓也
司会　渡辺真理

■第2期　2016年度
第2回定期演奏会
2017年
3月25日（土）
東京オペラシティ
コンサートホール
2017年
3月26日（日）
郡山市民文化センター
大ホール（福島県）

演目——坂本龍一——映画『ラストエンペラー』より
　ラストエンペラー　テーマ
坂本龍一——NHK大河ドラマ『八重の桜』より
　八重の桜　メインテーマ
坂本龍一——映画『母と暮せば』より「母と暮せば」　タイトル
坂本龍一（編曲）——てぃんさぐぬ花
坂本龍一——弥勒世果報（みるくゆがふ）
藤倉大（編曲）——Three TOHOKU Songs
　（大漁唄い込み、南部よしゃれ、相馬盆唄）
マーラー——交響曲第1番　ニ長調「巨人」

出演——**演奏**　東北ユースオーケストラ
音楽監督・ピアノ　坂本龍一
指揮　柳澤寿男
朗読　吉永小百合
歌・三線　うないぐみ
コンサートミストレス　渡邉真浩

■第3期　2017年度
第3回定期演奏会
2018年
3月21日（水祝）
東京オペラシティ
コンサートホール
2018年
3月31日（土）
東京エレクトロンホール
宮城（宮城県）

司会　渡辺真理

演目――坂本龍一――――映画『戦場のメリークリスマス』より
Merry Christmas, Mr.Lawrence
坂本龍一――――Behind the Mask
坂本龍一――――映画『ラストエンペラー』より
ラストエンペラー　テーマ
坂本龍一――――Still Life
藤倉大(編曲)――Three TOHOKU Songs
（大漁唄い込み、南部よしゃれ、相馬盆唄）
ドビュッシー――「海」管弦楽のための3つの交響的素描
ストラヴィンスキー―組曲「火の鳥」（1919年版）

出演――――**演奏**　東北ユースオーケストラ
音楽監督・ピアノ　坂本龍一
指揮　栁澤寿男
朗読　のん（東京公演）
吉永小百合（仙台公演）
コンサートミストレス　千葉はづき
司会　渡辺真理

■第4期　2018年度
第4回定期演奏会
2019年
3月30日（土）
盛岡市民文化ホール
大ホール（岩手県）
2019年
3月31日（日）
東京オペラシティ
コンサートホール

演目――坂本龍一――Blu
坂本龍一――Still Life
朗読詩　石川啄木「飛行機」
宮沢賢治「一〇〇四〔今日は一日あかるくにぎやかな雪降りです〕」
葛西美枝子「旅」
長田弘「おおきな木」
和合亮一「風に」
仁科彩――――くぐいの空
（東北ユースオーケストラ委嘱作品）

藤倉大(編曲)——Three TOHOKU Songs
（大漁唄い込み、南部よしゃれ、相馬盆唄）
ブラームス——交響曲第2番　ニ長調　作品73

出演——**演奏**　東北ユースオーケストラ
音楽監督・ピアノ　坂本龍一
指揮　柳澤寿男
朗読　のん（盛岡公演）
吉永小百合（東京公演）
コンサートミストレス　佐藤実夢
司会　渡辺真理

第5期　2019年度
第5回定期演奏会
（コロナウイルス
感染拡大により、
全日程中止）
2020年
3月27日（金）
サントリーホール
大ホール
2020年
3月28日（土）
東京芸術劇場
コンサートホール
2020年
3月29日（日）
とうほう・みんなの
文化センター大ホール
（福島県）

演目——坂本龍一——Still Life
藤倉大(編曲)——Three TOHOKU Songs
（大漁唄い込み、南部よしゃれ、相馬盆唄）
坂本龍一——いま時間が傾いて（新曲）
ベートーヴェン——交響曲第9番　ニ短調　作品125「合唱付き」

出演——**演奏**　東北ユースオーケストラ
音楽監督・ピアノ　坂本龍一
指揮　柳澤寿男
ソプラノ　幸田浩子
アルト　山下牧子
テノール　樋口達哉
バリトン　成田博之
合唱　つながる合唱団
朗読　吉永小百合
コンサートミストレス　渡邉真浩
司会　渡辺真理

参考文献

・『大川地区 ふるさとの記憶』(大川地区「記憶の街」模型復元プロジェクト実行委員会 編著/一般社団法人長面浦海人)

・P180の吉永小百合さんのコメントは、『婦人画報』2020年3月号「坂本龍一と東北ユースオーケストラがつなぐ夢」(取材・文=千葉望)より引用しました。

・P183の坂本龍一さんの新曲に関する記述、P199の坂本龍一さんのコメントは、「T JAPAN Vol.26」(朝日新聞社/集英社)より引用しました。

一般社団法人東北ユースオーケストラ

代表・監督　坂本龍一

理事　押木正人(株式会社ヤマハミュージックジャパン)
川井博之、石杜有慎、鈴木淳、阿部典彦(岩手日報社)
佐藤純、石川雄康(河北新報社)
荒木英幸(福島民報社)

監事・プロデューサー　田中宏和

テクニカルディレクター　飯島則充

事務局　大塚真理、岡田直美、熊谷歌那江、
須賀雅子、竹田学、宮川裕、湯田麻衣、渡邉豊

エグゼクティブプロデューサー　空里香、遠山豊

フレーベル館ノンフィクション④

響け、希望の音

～東北ユースオーケストラからつながる未来～

2020年12月　初版第1刷発行

著者　田中宏和
発行者　飯田聡彦
発行所　株式会社フレーベル館
〒113-8611　東京都文京区本駒込6－14－9
電話　03-5395-6613（営業）
03-5395-6605（編集）
振替　00190-2-19640
印刷所　株式会社リーブルテック

210ページ　20×14㎝　NDC916

ISBN 978-4-577-04930-3　Printed in Japan

フレーベル館ホームページ　https://www.froebel-kan.co.jp

装丁　阿部美樹子

イラストレーション
本田亮

TYOロゴデザイン
長嶋りかこ（village®）

本文写真協力
阿部秀捷
一般社団法人全国楽器協会
株式会社キャブ
金聖源（a.k.a.JPK）
田中宏和
千葉はづき
中島みゆき（毎日新聞社）
丸尾隆一
宮川裕
（敬称略　五十音順）

協力
鎌田優希
谷口恭子（ハースト婦人画報社）
中島みゆき（毎日新聞社）
茗荷伸壽（朝日新聞社）
（敬称略　五十音順）

田中宏和（たなか・ひろかず）

1969年京都市木屋町出身。コミュニケーション・ディレクター。ライター。同姓同名収集家にして一般社団法人「田中宏和の会」代表理事。一般社団法人東北ユースオーケストラ事務局長。渋谷のラジオ・番組プロデューサー。広告会社に勤務し、さまざまな広告、キャンペーン、プロジェクトの企画を行うかたわら、1994年よりはじめた田中宏和運動で、同一性と偶然性をめぐる哲学研究を行う。著書に『田中宏和さん』（リーダーズノート）、編著に『くらしのこよみ　七十二の季節と旬をたのしむ歳時記』（平凡社）、『ニッポンを議論しよう。』（フォーラム21　梅花村塾27期生／丸善プラネット）など。

※本書の印税相当額は、一般社団法人東北ユースオーケストラの活動費に充てられます。